100万人が受けたい！

探究と対話を生む
中学公民
ウソ・ホント？
授業

河原和之 著

JN032809

明治図書

　新聞（『朝日新聞』2022年12月21日）に踊る「広島のソウルフード　中東と平和の架け橋」「原爆の日に式典参列　望みは同じ」の題字。"子どもたちに伝えたい"と気持ちが高揚した。

　広島風お好み焼きの歴史を通して，戦後混乱期の広島の人々の思いとたくましさを知り，お好み焼きが，ヨルダンに広がっている事実から，ソウルフードが中東との平和の架け橋になったことを考える授業ができる。

　広島風お好み焼きのお店は，「みっちゃん」「れいちゃん」「いっちゃん」など，人の名前をもじった店舗名が多い。なぜだろう？　ヒントを与える。広島風お好み焼きは原爆を投下された混乱期から始まっている。原爆で亡くなった子どもの名前？　あまりにも悲しい。太平洋戦争や原爆により未亡人となった女性たちが生きていくために，自宅を改装して店を始めたケースが多いのがその理由のひとつ。また，離ればなれになった家族に，居場所をわかりやすくする意味もあったという説もある。いずれにしろ，**戦時下・戦後でもたくましく生きてきた女性の姿が，お好み焼きの店舗名に体現されている**。「店舗名に"そんな深い思い"があるとは！」と，一気に授業に向き合う子どもたちの姿が想像できる。

　歴史を紐解いてみよう。広島風お好み焼きの原点は，大正時代に大阪で誕生した「一銭焼き」だと言われている。水で溶いた小麦粉を薄く伸ばして焼き，その上にネギや粉がつおなどをのせ，駄菓子屋で販売されていた。広島風お好み焼きは，いろいろなトッピングをのせ「一銭洋食」を加工することで進化する。地理的条件や被爆後の混乱期から，この進化を紐解く。アメリカ占領下，食糧対策として小麦が供給されたことが大きい要因だ。海に面していたので，カキやエビなど海産物をトッピングした。価格の高かったネギの代わりに，安くてボリュームのあるキャベツをのせた。また，**戦後混乱期は，空腹の人が多く，腹持ちをよくするために焼きそばを加えた**。「知る」

ことから広島風お好み焼きの「具」「ソバ」をいっそう味わえるだけでなく，愛おしくなる。

　広島風お好み焼きと「ヨルダン」との関係だ。2022年8月6日，「いっちゃん」の店を訪れたのは，広島平和式典に参列していたヨルダン駐日大使，リーナ・アンナーブだ。海鮮の入ったお好み焼きを食べると，「ヨルダンにいらっしゃいませんか？」と声をかけた。ヨルダンは中東にあり人口の9割以上がイスラム教徒である。店主は，豚ではなく鶏などを入れた，そばではなくパスタを上にのせるハラールお好み焼きを開発した。新聞によると，首都アンマンのショッピングモールの一角に臨時のお好み焼き屋をオープンすると，数時間で450人分が売れたそうだ。**広島風お好み焼きは，現地の文化や好みに合わせて広がっている。「ヒロシマ」の思いをのせて……。**

　店主は，広島の戦後復興はお好み焼きとの関係を語り，お好み焼きには「秘めた力」があるとする。何だろう？　子どもに考えさせたい。

　ヨルダン大使は，ヨルダン近隣の中東戦争に心を痛める。ヨルダンには200万人以上のパレスチナ難民が暮らす。また，シリア内戦では，60万人以上のシリア難民も受け入れた。「私たちは広島の人たちと同じことを望んでいる」と。「広島の人たちと同じこと」とは何か？　考えさせたい！

　「探究・対話」型授業のイメージが可視化されている。「みっちゃん」から始まった「広島お好み焼き」授業は，被爆後の社会を背景に，多様な視点から，中東における「排除」と「包摂」の課題へとつながる。

　この授業紹介後，学生からステキなコメントがあった。

　「お好み焼きをひっくり返すのは"戦争"から"平和"へと転換すること！」

　子どもたちが「意欲的」に学び，「学力差」のない「深い」感動を呼ぶ，そんな授業を目指したい。

2023年8月　河原和之

目次

はじめに

おわりに

原則，1章内，「 」は子ども，『 』は教師の発言。2章内は，Sが子ども，Tが教師の発言
をさす。

100万人が受けたい！

探究と対話を生む中学公民授業デザイン

1章

探究と対話による公民学習

1 はじめに

　中学校公民学習は，概ね３年生の夏休み前後に授業が行われるケースが多い。この時期は，高校受験の勉強が本格化し，生徒が，いわゆる「受験対応型授業」を"暗"に要求する時期でもある。しかし，社会に対する関心が急激にアップする時期でもある。

　また「人権問題」や「経済的諸問題」「国際的な課題」を扱うことが多く「憲法改正」「非正規労働者問題」「国際平和」などのテーマで議論することもある。リアルタイムで生起しているさまざまな時事問題を扱う。教室に行くと「先生！　テレビでやってる○○戦争ってなぜ起こったの？」「デフレスパイラルって何？」などの質問も。「次回までに調べておくね」ということもあるが，できれば，即答するほうがいい。「先生，テレビの○○さんの解説よりもわかりやすい」と言われたことも……。

　しかし，昨今は，「活用」「探究」「深い学び」等々が重視され，子どもの実態や興味・関心に根差した授業が少なくなったように思う。「面白い！」は授業の鉄則だ。「面白い」とは，単なる"お笑い"ではなく"知的興奮"がキーワードだ。

　<u>公民学習は社会への関心を高め，知的興奮のある「おとなの学び（同窓会で私の授業をこのように称する卒業生がいた）」を目指すべきだ。</u>

2 みえるモノからみえないモノへ　〜100円均一ショップ〜

　興味・関心のある「身近なこと」「当事者性」そして「切実性」のある題材は授業の鉄則である。しかし，導入だけだと単なる「おもしろいだけのネ

タ」で終わってしまう。「探究」を通して，「見方・考え方」や「思考力，判断力，表現力等」を育てる授業でなくてはならない。「探究」課題の難易度が高いと「思考停止」する生徒が生まれ，授業の成立どころか"崩壊"するケースもみられる。ここでは，「100円均一ショップ」を通して考える。

100円均一ショップ（ダイソー）は，1977年創業以来，原則定価100円を維持している。（2023年2月時点）「これが100円なの？」という商品も店頭に並ぶ。「海外には100均はあるのだろうか？」という疑問も浮かぶ。

なぜ100円と格安なのか？

子どもたちの興味・関心があるテーマから「みえるモノからみえないモノ」につながる授業だ。

ダイソーはどれくらいの店舗数があるのか？（2022年）

答えは3790店だ。東京が最も多く233店，大阪は200店で，基本，人口に比例している。少ないのは島根県が14店である。本社は広島なのだが99店である。海外では東南アジアを中心に世界各地に進出し，2020年には26ヵ国・地域に2248店を展開している（授業時時点）。

グループで，「100円均一ショップの価格が安い理由」を考える

本課題は，学力差を超えた，生活に根差した問いなので，すべての生徒が発言できる。しかも，身近で興味あるテーマであるとともに，「社会のしくみ」に迫ることが可能だ。「大量に仕入れているのでは？」との返答もあるが，「店舗には数点しか販売されていないよ」と揺さぶる。「3790店舗もあるから大量仕入れができる」ことに気づく。

「店の装飾がシンプルじゃない？」「従業員も少ない」と，経験からも発言。「確かにオシャレ感がないよね」「パートの人が多いのでは？」「駅前の店舗は1階のレジに2人働いているだけで，2階は従業員がいない」などと意見がつながる。「内装費と人件費」にコストをかけていないことに気づく。そして，「そうだ！　すべて100円だから値札をつけるための費用がいらない」

とのヤンチャなＡくんの意見にみんなも納得。「デパートは，お客さんより従業員が多いところもある」爆笑である。正社員約580名，非正規約24000名であることからアルバイトも多いことを確認する。

　いろいろヒントを与えてもなかなか正答が困難なのが，**価格が一定なのでスーパーのような宣伝広告費（バーゲンのチラシ等）が不必要**なことである。これは「へっ！」「なるほど！」との声が上がる。"みえないモノがみえた"瞬間だ。

　上記以外の要因として，高い粗利率のモノと低い粗利率のモノが混在しており，"衝動買い"を誘うという要因もある（経験を交流する）。

　また，ダイソーは約80％が自社ブランドで，流通費を削減している。以前は，中国に100均専用商品を製造する地域があったが，下請けにも企業努力をさせつつ，プライベート商品による対応が多い。

　海外の店舗にも触れておこう。海外26ヵ国地域にも進出しているが，国・地域により価格は異なる。代表的な国の価格を紹介する。

　アメリカ162円，中国153円，タイ214円，シンガポール158円，オーストラリア208円，ブラジル215円（2019年）。

海外の価格が高いワケを考える

　人件費や賃料などが高い，関税がかかる，物流費が増える（マレーシアに大規模物流拠点を進めている）等の理由による。

　興味・関心から「みえるモノからみえないモノ」を「探究」する授業は公民学習の鉄則である。『甲子園球場で販売されているビールの銘柄は？』『あるハンバーガーショップのパンをつくる会社は？』『関西国際空港の滑走路が３市町に分かれているワケは？』『193ヵ国が集まる国連総会では何語でしゃべっているのか？』等々は，私がこれまで開発してきたネタである。

3　地球も自分も優しくなれる　〜ブラックサンダー〜

　卒業生が定義した「おとなの学び」とは，政治経済や社会情勢を取りあげ，社会問題に対し解決方法を探究し，社会に参加・参画する授業とも言える。しかし，直接，社会問題を工夫なく取りあげても「他人事」である。「自分事」として捉えさせる「当事者性」が不可欠だ。

　チョコレートの原料であるカカオはコートジボワールやガーナで栽培され，中には，児童労働によって成り立っているケースも多々ある。5〜14歳の子どもが，カカオの実をナタで割り，カカオ豆を取り出す危険有害労働に動員されている。児童労働に従事する子どもは，2020年に1億2490万人いると推定され，この数は同世代の子どもの数の9.6%に当たる（朝日新聞）。授業では，下線部の国名や数字をクイズ化する。

農園でカカオポッドを割っている，少年の顔をパワポで示し，

インタビューをする

　「何歳かな？」「学校には行っているの？」「遊びは何をしているの？」

　「ここで働いているの？」「チョコレートは食べたことはあるの？」「生活は苦しいかな？」等々である。

この子たちの多くは，チョコレートを食べたことがない。なぜ？

　「お金がないので買えない」「チョコをつくる技術がない」「美味しくないからでは」「買う人はいるのかな？」「購入できる人があまりいないから生産できないのでは」

チョコレート生産による「費用対効果」が少ないからである

　以上のような児童労働と，フェアではない取引に声をあげた会社がある。有楽製菓だ。会社名を聞いても知らない生徒が圧倒的だが，ロングヒット商品「ブラックサンダー」を提示すると，多くの生徒が食べたことがあると，一気にテンションが上がる。

今から約20年前，２代目社長さんが，業界団体のツアーでガーナを訪れ，カカオ農家で働く子どもとはじめて出会った。当初，NHK 朝ドラ「おしん」を見て育った社長さんは，「家業を手伝うくらいなら」と思った。その後，会社は，児童労働を介していないスイスに本社を置く，あるグローバル企業からカカオを購入することにした。「有楽製菓」は，子どもが働く農園をただ拒むだけではなく，指導や相談を重ねて根本原因の解決に取り組む団体や認証などの支援を続けていく。

　　　『根本原因の解決とは何だろう』と問い，グループで話し合う
　「カカオ農家の貧困をなくす」「文房具などを援助する」「フェアトレード」等々。
＊有楽製菓は，教育環境の整備の立ち遅れが著しい農村部に，図書館や幼稚園を建設。本棚や机などの備品を支給するなど，子どもたちの学力向上を支援する取り組みを行っている。2025年までに児童労働撤廃に取り組む原料「スマイルカカオ」へ切り替えることを目指し，取り組んでいる。

【スマイルカカオプロジェクト】
児童労働をなくし世界中の子供たちを笑顔に！
私たちは、弊社製品を通じてすべての子供たちが幸せになることを願い、これからも活動を続けていきます。

（有楽製菓 HP より）

　　　　あなたは，ブラックサンダーを買いますか？
　「いろいろやっていることがわかり，たまには買っていいと思う」
　「児童労働をなくすために頑張っている会社を応援したい」
　「ブラックサンダー，今日帰りにさっそく買ってみよう」
　森永製菓も，チョコレートの生産工程のすべてから児童労働をなくしている。また，〈１チョコ for １スマイル〉という取り組みを行っている。製品の裏面には，「あなたが食べると，もう一人がうれしい。森永ダースはカカオの国の子どもたちを応援します（2019年時点）」HP には以下の紹介が行われている。

> 　森永製菓は，ガーナなど，カカオの国の子どもたちがしっかり学ぶことができるように，ダースの一部を使って応援しています。チョコを食べる人も，そのふるさとで学ぶ子どもたちもみんな笑顔にしたいダースです。

　"消費は投票"である。「美味しい」「安い」は一つのインセンティブであるが「地球にやさしい」「社会をかえる」等の選択肢から消費行動できる子どもを育てたい。

　学校の帰り，スーパーで「今日，学校で教えてもらったブラックサンダーを買おうか？　児童労働をなくす取り組みをしているらしいよ」と友達と語り合いながら，購入する生徒は微笑ましい。社会貢献も環境も"チリも積もれば山となる"。また「ちょっとした身近な行動から"地球の未来"が変わる」。

　一人一人が社会との接点をもちながら，地球環境問題，グローバル化の中でますます広がる世界の格差など，山積する課題に対して，「なにがわかるか」だけではなく「なにができるか」を考える「深い学び」が大切だ。

❹　ウォームな感性とクールな知性　〜スマホ越し「育児」〜

　前項では「なにができるか」を「児童労働」から考えた。しかし，単純に「かわいそう」「悲しい」「気の毒」などの"感情論"から判断し行動すると，予期しないマイナスの結果を生むケースもある。海外旅行で，空港に降り立つと，幼い子どもが紙コップをもち，生活支援を呼びかける場面に遭遇した。

この子どもの生活支援のために募金しますか？

　少しなら募金する生徒が圧倒的だ。『先生は募金しません』とキッパリ！「ええ？　冷たい」「少しくらい募金すればいいのに」。

先生はなぜ募金をしないのだろう？

　この子が，稼ぎ手になっているからだ。本来は，学校へ行くべきなのに，

家庭の経済支援のために働いている。この子が稼いでくれば，その役割がずっと続く。冷静に判断すると「募金」は，この子の一生にとってはマイナスに働く。

公民学習は「人権」「平和」「貧困」「飢餓」などのテーマを扱うことが多く，題材は「当事者性」「切実性」が不可欠である。前提には「かわいそう」「悲しい」「気の毒」などの感情論，つまり，「ウォームな感性」が必要だ。

しかし，感情論は，問題解決の入口であり，解決のためには，背景，原因，推移，変化などに着目した「探究」活動が不可欠だ。つまり，事実や現実を分析する「クールな知性」によって，思考力・判断力を鍛え，価値判断していくことが大切である。ただ，社会的課題は，立場や見方・考え方により，意見や見解の異なるケースも多く，「もやもや感」が残る。「もやもや感」は誰かに聞いてみよう，自分で調べようという意欲を生み，次の学びにつながる。

スマホ越し「育児」の事例を紹介しよう

「ちゃんと歯磨きした？　見せてみて」奈良市のアパートでKさんがスマホに話しかける。「Kさんは歯医者さんでコロナ禍，スマホで治療しているのでは？」との意見も出るが間違いだ。筆者は，間違っても，けっして"恥ずかしくない"発問を心掛けている。教科書に書いてあることは"きほん"発問しない。間違うと"はずかしく"それ以降は答えなくなるからだ。

Kさんの子どもはフィリピンに住んでおり，お母さんであるKさんは，奈良からスマホで育児をしている。子どもは5歳と8歳の2人である。

何のために日本に来ているのでしょう？

シングルマザーのKさんは，2人の子どもを母親に預けて2年前に来日し，奈良県の介護施設で働く。実家への電話は早朝か夜に1〜2時間。Kさんは，約70人が入所する特別養護老人ホームで食事や入浴の介助を担う。

子どもたちの初発の感想を聞く。「子どももい

っしょに日本に来ればいいのに」「日本人が嫌がる介護職場で働いてくれているのに」「外国人技能実習生を大事にしないと」などの道義的意見が多い。

日本で働く外国人労働者の実態を確認する。日本で働く外国人は2020年172万人になり、5年でほぼ倍増している。EPAに基づく介護福祉士の候補生は、インドネシア、フィリピン、ベトナムから受け入れ、これまでに約5500人が来日している。原則4年で「介護福祉士」試験に合格すれば、子どもといっしょに日本に住み続けられる在留資格が得られる。日本で働く外国人のうち、在留資格別で最多の40万人を占める「技能実習」では、家族の帯同を認められていない。

子どもとの来日は認めるべきか？

意見交換を行う。「母親と離れて4年も生活するのはかわいそう」「大切な子育ての時期に子どもと親が別々というのはひどい」「旦那さんと4年も別居というのはよくない」という「認めるべき」との意見。

また、反対意見として「子どもがいっしょだと、逆にお母さんが働きにくいのでは」「外国の子どもが学校に入学すると言葉の壁などがありたいへんだ」など。生徒の認識が"揺れる"。

スマートフォンの普及で親子の連絡が簡単になり、出稼ぎへの心理的な壁は少なくなった。送金が重要な外資収入であるフィリピンでは、政府が移民労働者に子ども向けの奨学金を設け、出稼ぎを後押ししている。ユニセフは報告書で、親からの送金によって学校に長く通えるようになる一方、親と長期間離れることでうつ病や不安症といった精神面のリスクを高めかねないと指摘している。

議論から「単純に感情論では決められない」との意見が増える。

「最初、子どもとの来日は家族と一緒に過ごせるということで、メリットしかないと思っていた。しかし、日本の保育所問題に加え、来日した子どもがつらい環境に置かれること、母親により負担をかけてしまうなどの問題点があり、簡単に決められるような問題ではないと思った」と。

解決方法についての意見を紹介する。「一つは言葉の壁に対する配慮であ

る。外国人労働者に対して，日本語教室など，言語を習得する取り組みが必要だ。また，メンタル面への配慮も不可欠だ。寂しさや生活での不安があると思うので，困っていることを聞いたり，家族の話をする。それにより，日本人への安心感を抱き，不安材料があっても前向きに生活することができるのではないか。だから，そう単純に答えの出る問題ではない」。

「そう単純に答えの出る問題ではない」との認識は重要だ。「スマホ育児＝かわいそう」という感情論からはじまった授業から，「言語の壁」「外国人の子育て」の困難性などの課題がみえてくる。多面的・多角的に「技能実習生」の実態を考察することから「クールな知性」が育つ。

経済的アプローチから外国人労働者を考察する。フィリピンの人口は１億１千万人と日本とほぼ変わらないが，労働年齢人口は約７千万人と総人口の約65％を占めている。日本は急速に少子高齢社会が進み，労働力を必要としている。フィリピンの日給最低賃金は首都マニラでも約1100円であり，東京の時間給最低賃金とほぼ同額である。

つまり，フィリピンでは労働力の供給が多く，日本は需要が多いと言える。市場原理からしても，フィリピン労働者が日本で働くことは必然であり，相対的に高賃金はインセンティブが高くなる。だが，最近の日本は低賃金の状況が続き，他国へ働きに行く外国人が多くなり，これまで多数だったインドネシア，ベトナム人から，より賃金が低いネパール人が増えている。

5　おわりに

最近「ウェルビーイング」という言葉が注目されている。その意味は，「体と心と社会」が良好な状態であり，すべてが満たされた状態かつ継続性のある幸福を意味し，「健康」「幸せ」「福祉」もすべて包み込む概念である。それでは「ウェルビーイング」に根差した授業づくりとは何か？　キーワードは「すべての児童・生徒が意欲的に学べる」授業である。ここにおいてはSDGsの理念である「誰ひとり取り残さない」が意味をもってくる。「言う

は易く，行うは難し」だが，このことを実現しないと社会・生活・学力的に「課題のある児童・生徒」にとっては，学校は「ノンウェルビーイング」になり，ますます学力格差が広がる。

　世界や日本の実態はどうだろうか？　「すべてが満たされた」「継続性のある幸福」が実現されているとは言えない。SDGs は2030年までに実現すべき17の目標を示したが，ロシアによるウクライナ侵攻による平和の揺らぎ，地球温暖化による影響の顕在化，貧困や格差がますます拡大する状況である。

　長崎原爆資料館の入り口に「長崎からのメッセージ」が掲げられている。核兵器，環境問題，新型コロナという３つを挙げ，それらに「立ち向かう」根っこは同じだと語りかける。「自分が当事者として自覚すること」「人を思いやること」「結末を想像すること」「行動すること」である。社会科教育の目標と方法に示唆を与えてくれるメッセージである。「当事者性」からはじまり，人を思いやる「ウォームな感性」，結末が想像できる「クールな知性」，そして，社会への参加・参画である。その「根っこ」に「誰一人取り残さない」視点がある。

【参考文献】

・『朝日新聞』2021年５月17日／2023年２月28日／2023年３月１日

探究と対話を生む中学公民授業モデル

2章

AI で社会が変わる

1 100万人が受けたくなる！　ウソ・ホント？　授業のねらい

　AI進化の現状を知り，AIがもたらす社会の変化について考察する。また，AIが行うことと，人間しかできないことの区別化を考え，どう活用していくかを深めていく。

2 学びを深める！　教材研究の切り口

　AIが出生率や年少人口，健康診断受診率など200項目以上の数値から，2万通りの未来を算出し，行政が理想とする将来像をたてた，「5か年計画」の議論がはじまっている。つまり「政策づくり」にAIが関わる未来が現実化している。「人間の政治家」はいらない時代がやってくるのかという驚きからの教材研究である。

3 対話を引き出す！　探究的な授業展開プラン

❶　歴史から考える AI 社会

　大きい技術革新が行われたのは，18～19世紀初頭におけるイギリスを中心とする産業革命である。紡績機が導入され，一人の労働者が，重さ1ポンドの綿花で糸をつむぐのにかかる時間は500時間から何時間に短縮されたかを問う。答えは「3時間」である。

ペアワーク

　　自分たちは必要がないと考え，失業を恐れた手織工や一部の労働者はどうしたか？

S：社長になんでもしますとお願いする以外にないのでは？

S：失業反対デモを起こす。　　S：みんなで文句や要望を言いに行く。

S：500時間から3時間だよ。やめる以外にないのでは？

＊1810年代に，失業を招いた機械が悪いという理由で，「ラッダイト運動」（機械の打ちこわし運動）を行っている。

考えよう

　　しかし，紡績機，紡織機の発明は，多くの雇用を生むことになる。（　　）に当てはまる文章を考えよう。

　　　　紡績機，紡織機の発明→（　　　　　　　）→多くの雇用

S：綿布が大量生産できる。

T：それから？　大量生産ができると綿布の価格はどうなるかな？

S：安くなる。

T：だよね！　安くなると？

S：儲からない。　　S：大量に売れると儲かるのでは（笑）

T：労働者にとってはどうなの？

S：そうか！　大量生産するから多くの雇用が生まれるのだ。

T：つまり，産業革命によって仕事がなくなると思っていたのが，逆に仕事が増えたってことだね。

＊新しい技術の導入は，新たな財やサービスをつくり出すことを歴史は示している。蒸気機関も，機関車の動力に使われ，鉄道員や鉄道技師などの雇用を生み出した。つまり，産業の効率化によって，消費需要が増大するか，新しく生まれた産業に労働者が移動することで問題を解決してきた。

❷　人工頭脳（AI）って何？

　「人口頭脳」（AI）とは何か？　「物事を認識し，自分で判断・行動する機械」「人の手によってつくり出す，人間に近い脳」などの定義が行われている。

😊 **考えよう**

　AIロボットや，家電に搭載されているAIについて知っていることを発表しよう。

S：駅に行くとロボットが案内してくれる。

S：大和西大寺の駅にある。

S：ホテルやデパートで活躍する接客ロボット。

S：部屋を掃除してくれるロボット。

S：ルンバだ。　　S：使ってるよ。

T：アイロボット社により開発された「ルンバ」には，床拭きロボット，プール掃除ロボット，樋掃除ロボットなどが実用化されている。

S：将棋の棋士もロボットと対決している。

T：囲碁でも，Google社が開発した囲碁AI「Alpha Go（アルファ碁）」が韓国のプロ棋士に勝利。

S：先生，くわしい（笑）。ロボットホテルって聞いたことがある。

T：長崎ハウステンボスだね。「変なホテル」という名称で知名度を上げたが，チェックイン，チェックアウト，荷物の預かり，通話を含め，メインスタッフがすべてロボットだ。「セコム」が通報ロボットを開発したよ。

S：ええ！　すごい！

T：しかも，2005年だよ。「セコムロボットX」は，プログラミングされたコースを巡回し，不審者を発見したら通報する。

近鉄奈良線
「大和西大寺駅
AIロボット」

❸ なくなる仕事と残る仕事

急激に進化する「人口頭脳」（AI）に対して，仕事が奪われるという声が聞かれる。イギリスの研究者は，AI を搭載したロボットやコンピューターに仕事を奪われる推定をした。

> **🗨 グループ討議**
>
> 次に示した職種を，AI によって仕事を奪われる順に並び替えよう。
> レジ係（97%）／タクシー運転手／理髪業者／弁護士／教師
> ファッションデザイナー／料理人／医師（0.4%）

S：教師は？

S：授業はロボットでオッケーだけど，生徒指導等は無理では？

S：医者は意外！　だって手術用ロボットは実用化されている。

S：弁護士も複雑な判断が必要だから無理では。

S：タクシー運転手は，すでに無人自動車もできている。

S：料理人が難しいと思う。　　S：プロの味付けとかできるかな？

S：散髪も微妙。　　S：コミュニケーションも必要だからね。

　答え：レジ係（97%）／料理人（96%）／タクシー運転手（89%）
　　　　理髪業者（80%）／弁護士（3.5%）
　　　　ファッションデザイナー（2.1%）／教師（0.4%）／医師（0.4%）

> **☺ 考えよう**
>
> AI が苦手とする仕事はどんな仕事か？

S：新しいものをつくり出す仕事

S：人間の細やかな感情が必要な仕事

S：コミュニケーションの必要な仕事

S：芸術的な仕事

T：創造性の必要な仕事だね。得意なのは単純な事務処理です。したがって，中間所得者と言われている職種は AI に代わることが考えられるね。

＊タクシー運転手は89％と90％に満たないが，自動運転車は製品化が進んでいる。しかし，異常事態における状況判断も求められ，AIでの困難性が指摘されている。また，タクシー運転手の場合は，乗車時における会話等も必要であり，AIにより代替できるか課題である。

❹　AIの進化

AIは2030年に向けて，どのように進化していくのだろう？　例えば，「セキュリティ」の変化だ。「カメラで，群衆から容疑者を数秒で特定する」「過去の犯罪データから警察官を配置」「サイバー攻撃対策の高度化」へと変化する可能性などが考えられる。

> 💬 グループ討議
>
> 　　2030年を想定しAIの進化によって，次の項目から一つを選び，どう変化するか考えよう。
> 　　　　外食／健康・介護／農業／家事／コーディネート

〈外食〉無人店舗，ロボットが給仕する

〈健康・介護〉ロボットが医療チームの一員になり治療方法を考える

〈農業〉果物など収穫作業の自動化

〈家事〉洗濯物をたたむロボット

〈コーディネート〉手持ちの服を登録しておき行先によりコーディネート

それぞれのグループから発表する。

〈農業〉３K農業ではなくなり若者も農業をするようになる

〈コーディネート〉時間のロスがなくなり，
　行先によって服装が決まる

人間がんばれ

4 授業のふり返りと探究・対話のポイント

　米で開発されたオープン AI「ChatGPT」が2022年11月に公開された。質問を入力すると，人間との会話のように自然な回答が返ってくる。「人と付き合うのが苦手なのでどうすればいいですか？」と聞くと「自分自身を理解し，自己改善をすることが重要です」などの回答が返ってくる。また「大阪の３日間観光の日程表をつくって」などの質問にも答える。問題は学生がレポートや宿題を ChatGPT にさせることだ。すでに，2023年１月末時点で世界の１億人以上が利用しており，この年度末の大学のレポートはどうなるのか，少し不安である。

【参考文献】

・『週刊ダイヤモンド』（ダイヤモンド社）2016年８月27日号

・小林雅一『AI の衝撃』（講談社）2015年

・本田幸夫監修／開発社著『人類なら知っておきたい，「人口頭脳」の今と未来の話』（PHP 研究所）2016年

・井上智洋『人工知能と経済の未来』（文藝春秋）2016年

・『朝日新聞』2023年１月８日／2023年２月14日

70歳死亡法案が成立したら

1 100万人が受けたくなる！　ウソ・ホント？　授業のねらい

　小説『七十歳死亡法案，可決』から少子高齢社会のさまざまな課題と憲法との関連，その対策について考える。

2 学びを深める！　教材研究の切り口

　垣谷美雨『七十歳死亡法案，可決』（幻冬舎）という小説を読んだ。「日本国籍を有する者は70歳の誕生日から30日以内に死ななければならない」"トンでも"法である。2年後から施行される。その時点で70歳を超えている人は2年以内に死ななければならない。この法律が制定された背景にある少子高齢社会の介護問題を主軸に，引きこもり，家出，勤労，家事ハラスメント，財政など多彩な問題を取り上げた小説である。この"ありえない"小説のインパクトから授業をつくりたいと考えた。

3 対話を引き出す！　探究的な授業展開プラン

❶ 質問！　「七十歳死亡法」

🔆 発問

> 　『七十歳死亡法案，可決』という小説がある。この法律の内容について質問したいことは？

　「へっ！　そんな本？」「信じられない」等，一気に興味・関心が高まる。

1．70歳以上の高齢者はどうなるのですか？

　『法律施行後2年後に死ななくてはなりません』

2．どんな方法で死ぬのですか？

　『数種類の安楽死から選択します』

3．なぜ，こんなバカげた法律が成立したのですか？

　『高齢社会の問題を解決するためですが，後で議論します』

4．許されるケースはあるのですか？

　『国会議員をやった人やノーベル賞受賞者，癌の研究者です』

❷　小説の概略

　小説の概略を紹介する。

　東洋子（55歳）は，寝たきりの義母を一日中介護する。買い物すらできない状態で，義母から心無い言葉を受けながら献身的にガマンの日々である。夫は会社勤めだが「死亡法」ができたことで，早期退職し，友人と3ヵ月間の海外旅行。夫には二人の妹がいるが，独立しており，いっさい介護には関わらない。息子の正樹は有名大学を卒業し，一流会社に就職するが，途中リタイアで今は「半引きこもり生活」。「あと2年間ガマンすれば義母は死んでくれる」というそんな思いも……。日々の介護生活に心身ともに疲れきった東洋子は意を決して家出をする。その後，正樹はしかたなく介護を継続，夫も海外旅行から一時帰宅。そして……。

❸ ええ！「70歳死亡法」

この法律の問題点について考えよう。

S：生きる権利があるのに，人権侵害としか言えない。

T：憲法の精神からして許されないってことだね。

S：70歳を超えても社会で貢献している人も多い。

T：社会貢献していない人は亡くなってもいいってこと？

S：どんな人もどこかで役立っている。

S：子どもを含め悲しむ人が増え，社会全体の生きる意欲がなくなる。

S：70歳前になると自暴自棄になり，犯罪が増える。

T：高齢化による問題を解決しても他の問題が増えるってことだ。

❹ 憲法から「死亡法」の是非を考える

日本国憲法からすると，この法律は「違反」だよね。特に「第3章 国民の権利及び義務」の項から考え発表しよう。

S：18条に「その意に反する苦役に服させられない」とあるから，国から殺されることはおかしい。

S：13条の「個人の尊重」「幸福追求」に反している。無理やり70歳になったら死ぬというのは不幸でしかない。

S：25条の「生存権」違反。「健康で文化的な最低限度の生活」すらできない。

S：36条の「拷問の禁止」。いくら安楽死といっても，あと数ヵ月で死ななければならないなんて，ホント拷問。

S：国会議員やノーベル賞を受賞した人はこの法律が適用されないのは14条の平等権に反する。

S：憲法は国民を守るもの！　いちばん大切な命を奪うのは許せない。

❺　「死亡法」制定の背景

😊 グループ討議

　　憲法から考えると，こんな法律が制定されることは絶対にないが，小説が書かれる社会的背景を考え発表しよう。

S：高齢者に対する年金などで国の財政がパンクしている。

S：コロナ感染の保証金も影響している。

S：長い間介護をしている人の先がみえない。

S：若くして退職し介護する人もいる。　　S：医療費の負担が増えている。

S：認知症患者が増え介護が大変。　　S：国の財政赤字があまりにも多い。

🐾 ペアワーク

　　小説の一部である資料1について意見交換しよう。

【資料1】「70歳死亡法」の賛否
（垣谷美雨『七十歳死亡法案，可決』（幻冬舎）より要旨抜粋）
〈賛成〉
・「老老介護で一家心中するとか，子どもが介護のために働けないとか，悲惨な暮らしが一挙に
　なくなるんだよ」
・「年金問題も解決され，老人施設も少しで足りる。財源は病気で苦しんでいる人々や障がい者
　に回せる」
・「老人ホームの大半がなくなるから，学校の施設の施設の充実に使ってもらおう」
・「認知症になる前に死にたい。老老介護は苦しく，今では孫まで総動員する状態です」
〈反対〉
・「お金持ちの老人に対して，年金も医療費も打ち切れば経済は立ちゆくんじゃない」
・「憲法に違反してるの。沈みかけた日本という船を助けるためって何をしても許せるって思
　っているわけ？」
・「50代以上のサラリーマンが早期退職している。同時に人材不足が叫ばれるようになった」

S：老老介護やヤングケアラーもよく話に出てくる。

S：僕らもいつケアラーになるかもしれない。

S：年金の財源を他の人に回すというのは納得しちゃう。

S：老人ホームを教育へというのはいいね。

S：お金持ちの高齢者から高い税金を取るっていうのはいい。

S：でも若い頃から貯めてきたかもよ。

S：50歳になればあと20年の寿命だから退職ってありそう。

S：そのことで若者の就職口が増える。

S：ええ，この法律に賛成になりそう。

❻ 「対立」から「合意」へ

🗣 ペアワーク

　　対立する財政問題と高齢者問題の解決方法について，資料2（次頁）のような展望が語られている。別のペアと感想を交流しよう。

S：若い頃から高齢者の立場に立って考えようってことだね。

S：内需拡大って何？　　　S：給与を上げて商品を買おうってことかな。

S：ヘルパーさんの給料をアップしてやりがいのある仕事にすれば高齢社会を乗り越えられるってことか？

S：ガレージセールいいね。お金持ちが所持する貴重品を販売したお金で福祉って考えは賛成！

💬 グループ討議

　　小説では，寄付制度が解決方法の1つとして紹介されている。以下がその事例だ。寄付することを含め対策を考えよう（部門は一例）。

　〈子ども部門〉養護施設に入っている児童に対する寄付

　〈妻部門〉夫のDVから逃れ隠れて暮らしている母子への寄付

　〈病気部門〉難病に苦しむ人への寄付

【資料2】財政，高齢者問題を解決

（垣谷美雨『七十歳死亡法案，可決』（幻冬舎）より要旨抜粋）

・「ガキだっていつか必ず歳をとってジジイやババアになるって当たり前のことを教えたほうがいいよ」

・「介護で内需拡大が可能になる。ヘルパーを高級な職業にして。給料を高くしてイメージアップを図るんだ」

・「国民の心の準備と覚悟ができたんだ。目先の利益を追う政策ばかりが支持を集めてきた。やっと国民も目が覚めただろう。ついでに最低賃金を大幅に引き上げる。同一労働同一賃金を定めてしまおう」

・「家にある不用品を集めガレージセールを行いました。宝石商や骨董品屋までが押しかけてきました。思いもしない高額な売上になり，その全額を児童養護施設に限定して国に寄付した」

〈若者部門〉経済的な理由で大学に行けない学生さんへの寄付

〈介護部門〉地域のあまりにも安い介護職への給与寄付

〈障がい者部門〉障がい者を多く雇用している会社の商品を意識的に買う

〈高齢者・若者部門〉高齢者と若者が共同した取り組みをしている所への寄付

4 授業のふり返りと探究・対話のポイント

　現代日本の矛盾のシワ寄せが主婦に来ている。ブラック企業の長時間労働，介護職の過酷な現状が背景にある。そこに，家族たちの無理解が拍車をかけ，キレた主婦が家出，そのために家族が大混乱に陥る。しかし，少しずつ家族が分担していくことでみんなが変わっていく。未来への展望が垣間見える。

【参考文献】

・垣谷美雨『七十歳死亡法案，可決』（幻冬舎）2012年

・藤澤健「岩手県の法教育研究会と共に創り上げた主権者教育授業」71次日教組教研報告

テーマパーク，シングルライダー

1 100万人が受けたくなる！　ウソ・ホント？　授業のねらい

「効率と公正」は，学習指導要領では「対立と合意，効率と公正などの現代社会を捉える概念的な枠組みを『視点や方法（考え方）』として用いて，社会的事象を捉え，考察，構想に向かうことが大切である」と記述されている。そのため，「現代社会」をはじめ「経済」「政治」「国際」などすべての単元で記述があり，「見方・考え方」の中心であることがわかる。

「効率」とは，社会全体で「無駄を省く」という考え方である。これは「より少ない資源を使って社会全体でより大きな成果を得る」という考え方であると言える。本稿では，概念学習後，生徒（学生）が事例を作成することから，「効率」と「公正」の概念を深める。

2 学びを深める！　教材研究の切り口

立命館大学の授業で，学生を4つのグループに分け，「効率と公正の見方・考え方」の事例を考えさせた。2つのグループからは遊園地において，並んでいる後方にいても優先して乗れる「シングルライダー」，もう1つは高校における部活動の公正をはかるために「スポーツ推薦の緩和」，そしてもう1つ，「シルバー民主主義」を切り口に，社会保障の平準化を進めるための「国家予算の公正さ」についての提案があった。

3 対話を引き出す！ 探究的な授業展開プラン

❶ 公正と効率の事例紹介

　「効率」とは問題の解決への効果に対して時間や費用の無駄があるかどうかである。「公正」は，他者の人権や利益を侵害していないか？　立場がかわっても受け入れられるかという観点である。教師の方から具体例を紹介する。

◆酷道を放置しておいていいのか？

　和歌山と三重を横断する国道425号線は「酷道」と言われる。対向車とすれ違うほどの幅で，道路わきは崖で，下は川であるが，ガードレールがないところもある。路上には，大きい石が転がっている。沿道の十津川村の人口は，約3400人。65歳以上が44％を占める。425号線の沿道にある迫西川集落は，林業が衰退し，20人ほどに人口が減少した。店や病院がある十津川温泉周辺まで車で１時間ほどかかる。道路や下水道などのインフラの維持管理・更新にかかる費用は，４兆～５兆円もかかる。そうなると，利用者が少ない道は整備が後回しになる。この付近の整備については，「別の重要路線を優先」「費用対効果を考えると抜本的改良は現実的ではない」というのが，和歌山，奈良県の基本方針である。

💬 グループ討議

　酷道について，そのまま放置しておいていいか？　「効率」と「公正」の観点から考えよう。

〈初発の意見〉

「ガードレールがなく，下が崖とはひどい」

「路上に大石も危ない」

「近くに買い物ができるところがあればいいけど，店まで1時間もかかり，この道路事情は最悪」

「費用がかかるからという理由で他の路線を優先するのはおかしい」

〈公正からの意見〉

「これはひどい！　病院まで1時間なのに危険な道を通らないといけない」

「こんな状態だから過疎化がすすむ」

「憲法25条に反しているのでは」

〈効率からの意見〉

「でも，利用者が少ない道より多い道を優先するのが効率では？」

「同じお金を使うなら，多くの人が利益を得る方が優先される」

〈対立から合意へ〉

「税金を増やす」

「悪いけど，それは無理」

「役所が生活に必要なものを届ける」

「病院に行きたいときは車を配車してくれる」

「病院から出向けば」

「在宅診療ってあるよね」

「村を出ていく以外にないのでは？」

「もちろん，ひっこしの費用とかは公費で負担する」

「確かに，住んでいてもいろんなことが不便だから，それもいいかも」

など。

＊十津川村は，行政サービスやインフラ整備のため村内7つの区ごとに集落を集めていくことも考えている。以上の事例を通して「効率」と「公正」，そして「対立」から「合意」に至る概念を習得する。

❷ 学生の考えた「効率」と「公正」の事例

💬 グループ討議

「効率」と「公正」から「対立から合意」へ至る事例と予想される話し合いを考えよう。

◆テーマパークのシングルライダー

〈事例〉

遊園地やテーマパークのアトラクション。長い列ができ長時間，並ばなければならない。そこで「効率」を高めるために，席が一つ空いた場合，一人でもよければそこに乗車できるシステムはどうだろう。

〈予想される討議〉

「効率が上がり，少しでも時間が短縮できる」

「並んでいる人にも好都合だし，運営会社にとっても多くの客に乗車してもらえる」

との「効率」からの意見が予想される。

「公正」からは，「後ろに並んでいる人が先に乗車するというのは公正ではない」「グループでやってきたのに，シングルライダーで乗るという人が出てきて公正ではなくなるケースも想定される」。

「対立から合意」については，「これにより全体時間の短縮になり，個人もいいし運営会社ももうかる」「ある統計では，本来なら1時間並ばなくてはならないがシングルライダーの人が20分で乗車できたそうだ」。

◆スポーツ関連学生の推薦への制限

〈事例〉

　大阪の高校野球のケースだが，圧倒的に私学が強い。公立で甲子園に出場できるケースは稀である。その要因としては，優秀な生徒を推薦制度で入学させる制度がある。そこで，推薦人数をせめて5名までと制限することの是非を「公正」「効率」の関係から議論しよう。

〈予想される討議〉

　「効率」の観点からは，「全国大会で上位に入るためには，推薦制度をとることが効率的」「これだけ高校野球のレベルが上がってくると，中学時代に活躍した生徒を集めるほうが効率的」。

　「公正」の観点からは，「大阪の公立高校では，全国から集まった選りすぐりの選手にはかなわないので甲子園への道が閉ざされるのは公正ではない」「公立高校でいくら頑張っても甲子園への道が遠いからヤル気をなくすので，大阪の野球界にとってもマイナス」。

　「対立から合意へ」については，「推薦制度によりレベルが向上し，観戦者もワクワクしながら応援できる」「優秀な生徒が集まることで，高校野球のレベルが向上する」「大阪の高校からプロ野球に進む選手が出たりするので活気づく」など。

◆シルバー民主主義を見直そう

〈事例〉

　「シルバー民主主義」と言われる「高齢者」に配慮した社会保障の現状がある。国家予算には限界があることを前提に，若者と高齢者への国家財政の配分が不平等である。この配分をせめて若者に少しは傾斜するよう変更する。

〈予想される討議〉

　「効率」の観点からは，「日本の将来を考えた場合，若者への教育費の補助や，奨学金の充実に使ったほうが効率的である」「若者のほうが高齢者より生産性があり，財政的に苦しい日本では，もう少し若者向けに傾斜するほうが効率的」。

「公正」の観点からは，「若者と高齢者の人口によって，公正に配分するのが妥当」「社会にとってどうかというより，個人にとっての生き甲斐という視点から考えると，高齢者に傾斜して元気を出してもらうのが妥当」。

　「対立から合意」については，「高齢者，若者にも手厚い社会保障がいきわたるよう，社会保障以外の財源を縮小する」。

4 授業のふり返りと探究・対話のポイント

　対立と合意，効率と公正の授業は，切実で身近な事例から「視点や方法（考え方）」を習得し，身につけた概念から社会的課題等を「対話」を通して，議論することが問われている。学習指導要領では，現代社会の見方・考え方の基礎となる枠組みとして位置づけられている。しかし，現実のさまざまな社会問題は「効率と公正」だけでは分析ができないケースもある。具体的には「政治的力関係」「社会運動」や「世論」などである。という意味では，教室内における一つの「思考実験」と捉え，「見方・考え方」を鍛える一つの方法として捉えるのが妥当だろう。

　本稿で紹介した事例はその一例である。過去に出版した拙書では，「クラブ活動における予算配分」「東京23区の定員増凍結」などの事例を紹介している。参考にしていただければ幸いである。

【参考文献】

・『読売中高校生新聞』2018年2月16日

・河原和之『100万人が受けたい！　見方・考え方を鍛える「中学公民」大人もハマる授業ネタ』（明治図書）2019年

多数決とニンビー問題

1 100万人が受けたくなる！ ウソ・ホント？ 授業のねらい

　民主主義について，個人と社会との関わりを中心に理解を深める。多数決の「あやうさ」と「ニンビー問題」の事例を題材に，現代社会の見方・考え方を育てる。

2 学びを深める！ 教材研究の切り口

　坂井豊貴氏の著書に掲載されている「多数決を疑う」の事例が実に興味深い。社会では，施設や取り組みの必要性は認めるが自らの居住地域では NG とするモノ・コトが少なからずある。「移民」「難民」「基地」などだが，地方レベルでは「ごみ処理場」「刑務所」「火葬場」などがある。多様な事例から，「多数決」と「民主主義」について見方・考え方を学ぶ。

3 対話を引き出す！ 探究的な授業展開プラン

❶ かなり変だよ！ 多数決！

　10階建てマンションのエレベーターが故障し，各階からの代表者が集まる理事会が開催された。「問題は誰が費用を負担するかですね」「私は１階に住んでいますからエレベーターは使わないのですが」「共有の建物だからみんなで負担しなきゃ」「１階に住んでいる人が修理代を支払うというのはどうかな」「それがいい‼」。

　二人一組になりこのことについて意見交換しよう。

S：これはひどいな。

S：エレベーターを利用しない1階の人がお金を負担するなんて理不尽。

S：でも現実にもありそう。

S：クラスで関係ないのに掃除やらされるみたいな……。

S：万引きして，Aさんがやりましたってやってないのに犯人にされる。

＊多数決の「あやうさ」と「フリーライダー」（ただ乗り）と「公共財」の意味・意義を確認する。実際の政治でも，2014年，衆議院選のある小選挙区で，自民党候補が107015票，民主党候補が89232票，共産党候補が32830票を獲得し自民党候補が当選した。民主党と共産党が候補を一本化していたら，当選者は異なっていたことを紹介する。

❷　ニンビー問題

　ニンビーとは，施設の必要性は認めるが自らの居住地域では NG とする言葉である。「移民」「難民」「基地」などだが，地方レベルでは「ごみ処理場」「刑務所」「火葬場」などがある。

グループ討議

　1～8のことについて，了解できる場合は○，できない場合は×をしよう。この中から，一つを取りあげグループで議論しよう。

1　日本国内の産業廃棄物の一部をあなたの自治体で受け入れる

2　自治体のゴミ処理場があなたの家の隣につくられる

3　新設中学校があなたの家の隣につくられる

4　あなたのマンションの1階スペースに保育所がつくられる

5　日本に海外からの難民を1万人受け入れる

6　各都道府県で最低10名の難民を受け入れる

7　津波のため使えなくなった漁網や漁具の処分を自治体で受け入れ
　　　る
　　8　沖縄に米軍基地が多いので，自治体で受け入れる

❸　マンションの１階に保育所　〜討議事例１〜

😀 グループ討議

　　Ａ市には「70戸以上のマンションの１階のスペースに保育所を設置
する」という条例がある。この条例について一般的な場合（外に住む
人）と自分がマンションに入居していた場合について，双方の立場か
らその是非について考えよう。

S：保育所不足が言われているから必要では？

S：一般的にはそうだけど，自分のマンションにつくられたらたいへん。

S：どうして？　　　S：だって子どもの声がうるさいからイヤだ。

S：でも，小さい子どもさんがいる人にとっては，遠くに預けなくていいか
　らラッキーでは？

S：6歳くらいまでの子どもを育てている人と，子どもに好意的な人は賛成
　だね。

S：しかし，多くは反対の人が多いと思う。

S：少子化問題の解決のためには賛成だけど，個人的には反対になるんだ。

S：いろんな問題を考えるときには，全体の立場に立って考えなきゃね。

❹　汚染されていた土の処分　〜討議事例２〜

　福島県内各地で行き場のないまま積み上げられ汚染された土は東京ドーム
7杯分になる。廃棄の行き場をなくしたわけだ。宮古市で津波のため使えな
くなった漁網や漁具は，受け入れることを決めたＢ市で反対運動が起こった。
事前の測定により問題ないことはわかっていたが，「東北地方のものだから

（放射線量が）不安」というイメージからの反対だ。

😊 グループ討議

B市の事例についてどう考えるか？

S：自分たちさえよければいいって考えだ。

S：誰かが反対って言い出すと多数がそうなってしまった。

S：この市民の意見は正しいかな？

S：気持ちはわかるが，放置しておいたら，自分たちだけよければいいってことになってしまう。

S：多数の意見は受け入れ反対だけど，受け入れることの方が正しい。

S：多数決って民主主義とは言えないよね。

＊市長と反対派の非難の応酬になったが，市長は受け入れを正式に表明した。少数派である市長の意見のほうが客観的には正しい。このことからも多数決は必ず正しいとは言えない。

4 授業のふり返りと探究・対話のポイント

　多数派が個別利害を表明するケースが多々ある。そのような多数決は，私たちの社会をよきものにする指針を与えるものではない。民主主義とは，多数派によって決定されたことには従わなければならない制度である。しかし，多数決が多数派の考えばかりを反映するなら，多数派と少数派が共存する社会をつくることは難しい。いまの民主主義は，自由な公共社会における統治の仕組みではなく，多数派が少数派を排除する制度の別名に変わろうとしていないだろうか？

【参考文献】

・坂井豊貴他『大人のための社会科』（有斐閣）2017年

1行のルールで日本女性の未来を変えたゴードンさん

1 100万人が受けたくなる！ ウソ・ホント？ 授業のねらい

「両性の合意による婚姻」「夫婦の同等の権利」を定めた日本国憲法24条を作成したゴードンさんの生い立ちや思いから，男女平等の原点を考える。

2 学びを深める！ 教材研究の切り口

日本国憲法がGHQの押し付けだとの意見があり，改正の論拠になっている。確かに，戦争中の日本人の"思考"からは，想像できない条文が多い。具体的に，どのような関与があり条文がつくられたのか？ その教材研究から生まれた教材である。

3 対話を引き出す！ 探究的な授業展開プラン

❶ 日本国憲法24条をつくった人

1　婚姻は，両性の合意のみに基づいて成立し，夫婦が同等の権利を有することを基本として，相互の協力により，維持されなければならない。

2　配偶者の選択，財産権，相続，住居の選定，離婚並びに婚姻及び家族に関するその他の事項に関しては，法律は，個人の尊厳と両性の本質的平等に立脚して，制定されなければならない。

考えよう

> この条文を作成した人は次のどちらか？　○をしよう。
> ・男性／女性
> ・日本人／アメリカ人
> ・22歳／33歳

答え：**女性／アメリカ人／22歳**

考えよう

> 　名前を「ベアテ・シロタ・ゴードン」さんと言う。名前から想像して，彼女の生い立ちを想像しよう。

S：シロタってあるから日本と関係あるのでは？

T：5歳から15歳まで日本で暮らしています。

S：城田さんと結婚した？

T：関係ありません（笑）

S：ベアテという名前はあまりアメリカ人で聞いたことがない。

S：ゴードンはアメリカ人によくある名前？

T：彼女は1923年，ユダヤ人でオーストリアのウィーンで生まれました。

S：ユダヤ人なんだ。オーストリアにいたら10年後にはナチスによって殺されたかも。

S：日本に住んでいてよかった。

＊ベアテの父親（レオ・シロタ）が世界的ピアニストで，中国ハルビンでコンサートをしたとき，偶然，鑑賞していたのが日本を代表する音楽家の山田耕筰だった。山田耕筰の説得もあり，レオの来日公演が実現し，結果は大成功だった。そして，日本が大好きになったレオは1929年から妻と一人娘のベアテを伴い17年間，日本に滞在した。

❷ なぜ17年間も日本に住んだのか？

ゴードンさんは5歳のときに両親とともに日本にやってきた。3ヵ月も経たないうちに日本語をしゃべりはじめた。また他国語も堪能だった。どんな言語を話すことができたのか？

○をしよう。

英語／ドイツ語／中国語／フランス語／スペイン語／ロシア語

答え：英語／ドイツ語／フランス語／ロシア語

😊 考えよう

世界的ピアニスト一家が17年間も日本で過ごしたのはなぜだろう。

S：ユダヤ人なのでヨーロッパでは迫害されるから。

T：日本にやってきたのが1929年だから10年後にはドイツが戦争をはじめますね。

S：日本では宗教による差別がなかったから。

T：無宗教の日本が住みやすかったってことですね。

S：けっこう日本を気に入っていた。

T：父であるレオが日本のことを好きだったようです。東京音楽大学の教授に就任しています。

❸ アメリカに留学し，日本にやってきたゴードンさん

　日本にも戦争の影が忍び寄り，ゴードンさんが高校を卒業する頃には，とても日本の大学への進学は考えられなくなる。こうして，1939年，アメリカの大学への進学を決意する。日本とアメリカが戦争に突入する2年前だ。ゴードンさんは「翻訳者」「陸軍の情報部での翻訳者」「雑誌『タイム』」などの仕事をする。

😊 考えよう

　「タイム」編集では，女性ゆえに記者になれなかった。1945年8月太平洋戦争が終結した頃，ゴードンさんは両親のいる日本に行こうと決意した。しかし，敵国であった日本への入国はなかなか困難だった。どんな仕事で日本に入国できたのだろう。

S：日本語をしゃべるので通訳。　　S：GHQ での通訳。

T：GHQ 職員として，1945年12月24日に来日することになった。

S：それがなぜ日本国憲法の作成と関係するのですか？

T：日本語だけでなく6ヵ国語をあやつる語学力とタイム誌時代に磨いたリサーチ力が認められ，草案作成を依頼されました。

❓ クイズ

　「世界中の知恵を結集して，大好きな日本に，最高の憲法を届ける」使命感のもと，何日間で作成することになったのだろう。
　　　　　　　　　　　　　　　9日／19日／29日

答え：9日

❹ 憲法24条の誕生

😊 グループ討議

　　ゴードンさんは，当時の日本の女性の地位についてどう考えていたのだろう。

S：虐げられている。　　　S：男性社会。

S：選挙権がない。　　　S：嫁に行くなど従属的。

S：勤めに行く女性も少ない。

S：女性の活躍する時代もあったのに，立場がどんどん弱くなっている。

S：例えば？　　　S：平安文学は紫式部のように女性中心。

S：女性の天皇がいた時代もあった。

S：結婚も親が決めた人と。

S：選挙権もない。

　　グループの意見を発表する。

　「財産の相続権もありませんでした。ゴードンさんが最も嫌だった言葉は"女子ども"という言い回しでした。"女子どもの出る幕じゃない"など今でも言う人はいますね。つまり，ゴードンさんは『日本の女性と子どもが幸せになったとき，日本に平和が訪れ，日本人が幸せになれるんだ』と考えていました」

❓ クイズ

　　ゴードンさんの作成した憲法草案は日本政府から認められたのか？
　　　　　　　　認められた／認められなかった

　答え：認められなかった

T：憲法草案の審議がはじまった16時間後，ゴードンさんの案が審議されました。日本側の担当者は次のことを述べました。

「日本には女性と男性が同じ権利をもつ土壌がない。日本女性には適さない条文が目立つ」

　この意見に対して，GHQ側の実質的リーダーだったケーディス大佐の言葉を静かに語る。

『この条文は，日本で育って，日本のことをよく知っている，この「シロタさん」が日本女性の立場や気持ちを考えながら，一心不乱に書いたものです。日本とって悪いことが書かれているはずがありません。彼女のためにも，これを通してもらえませんか？』

4 授業のふり返りと探究・対話のポイント

　22歳の民間人女性が，「たった1行のルール」によって，日本を変え，日本女性の未来を変えた。その後，ゴードンさんはアメリカに帰国し，日本やアジアを紹介する仕事にその生涯を捧げた。憲法作成という「トップシークレット」が明らかになったのは，アメリカ・日本両国が公式にGHQ草案のいきさつを認めた1970年代に入ってからのことだった。

【参考文献】
・瀧本哲史『ミライの授業』（講談社）2016年

少数者が社会を変える

1 100万人が受けたくなる！　ウソ・ホント？　授業のねらい

　「ウェルビーイング」を直訳すると「幸福」「健康」という意味で，世界保健機関憲章の前文には「健康とは，病気ではないということではなく，肉体的にも，精神的にも，そして社会的にも，すべてが満たされた状態にある」と書かれている。本稿では，聴覚障害者における「ウェルビーイング」から，ノーマライゼーション社会のありかたを考える。

2 学びを深める！　教材研究の切り口

　前著『100万人が受けたい！　見方・考え方を鍛える「中学公民」　大人もハマる授業ネタ』において「障害者と健常者の境目とは何か？」という聴覚障害者から「人権」に対する見方・考え方を鍛える実践事例を紹介した。本稿では，さらに発展させ「少数者が社会を変える」という観点から，マジョリティの「特権」への気づきと，差別解消についての事例を提起する。

3 対話を引き出す！　探究的な授業展開プラン

❶ 「障害」って何？

🔆 **発問**

　次のことは，「障害」なのか？　そう思う場合は○，思わない場合は×，わからない場合は△をつけよう。

①視力の悪い人が眼鏡をかけて生活している

②聴力の弱い人が補聴器をして生活している

③歯の悪い人が，入れ歯で生活している

④高齢者になり杖を使って生活している

⑤白内障の人が水晶体のかわりにレンズをはめ込んで生活している

⑥心臓の悪い人がペースメーカーを埋め込んで生活している

⑦脚の悪い人が電動式車いすで生活している

⑧脚の悪い人が義足で生活している

　正解を問う課題ではない，多様な意見が出てくる。「当該者が障害者と思うかどうかが大切」「障害者手帳をもっている人が障害者？」「時代によって障害ではなくなるケースもある」「人にはすべて何らかの障害がある」等。

❷　眼鏡の歴史から考える

　眼鏡が発明されたのは13世紀イタリアである。過去においては眼鏡の捉え方は「神の与え給うた苦痛は，その人間の幸せのため，じっと耐えるべきものである」とされ，13世紀のヨーロッパにおいて眼鏡は「悪魔の道具」とされていた。日本へは，1549年，ザビエルにより伝えられ，このとき，「異国の人は４つの目をもち，２つの目は普通の所にあったが，もう２つの目は，少し離れた所にあり，鏡のように輝いていた」と言ったそうである。つまり，この時代の人は「眼鏡は怪物」にしか見えなかった。

　下線部を空欄とし，クイズをした後，ペアワークを行う。

ペアワーク

　眼鏡が広まったのは，1448年ルネサンスのある発明が大きく影響している。それは何か？　また教育制度の充実も大きい。眼鏡が広まった理由について考えよう。

S：多くの人が字を読めるようになったからでは。

S：識字率のアップだね。　　S：ルネサンスの発明は？

　教科書で調べる。

S：火薬。　　S：羅針盤。　　S：活版印刷。

S：印刷機によって読書が広まったからでは？

S：人々が文字を読むようになると眼鏡が普及する。

S：眼鏡は“悪魔の道具”ではなくなったんだ。

＊修道院や図書館や大金持ちしか使わなかった眼鏡を普通の人も使うように
　なり，眼鏡をつくる職人も増えてくる。眼鏡の発明により「近視」「老眼」
　などは「障害」ではなくなった。

❸　聴覚障害者って

　聴覚障害者は，聞こえない・聞こえにくいという障害だけではなく，入手
できる情報に格差が生まれる。情報は目にみえないので，障害・障壁がある
ことに周りの人が気づきにくい。聴覚障害者は，コミュニケーションを「口
話法」で口の動きをみたり，手話により行う。

　その困難さをリアルに体験する。3事例を紹介したが，時間によっては1
〜2を選択する。

💡 発問

> 先生がある言葉をしゃべるよ。口元から何を言っているか考えよう。

＊「たまご」という言葉を音を出さずにゆっくり発する。

S：たらこ。

T：違います（笑）

S：“た”は間違いない。

T：最初は“た”です。

S：たんぼ。

T：NO！

S：たばこ。

S：“たまご”だ。

T：正解です。「たまご」です。口の動きからコミュニケーションをとるのはなかなか難しいですね。

🐱 ペアワーク

> 同音異義語の事例を5つ挙げよう。

S：いどう。　　S：移動，異同だね。　　S：いがいは意外や以外がある。

S：かんしょうは干渉と鑑賞でまったく意味が異なる。

S：かていは家庭と過程。

S：さんかって参加と酸化，産科などけっこうある。

　同音異義語は文脈の中で理解する必要があり区別が難しいことを確認する。

🐱 ペアワーク

> 　口語法は，しゃべるときの口の形により一部の言葉から解釈するコミュニケーションである。この難しさを体験しよう。次の「穴埋めパズル」から相手の言いたいことを考えよう。
>
> 　ゆ○○さんが，○○○クラブに○○るんだって！
>
> 　いっしょに○○を組んで，A中学校に○○○といいね。

S：ええ，最初の名前がわからないや。

S：名前っていろんな名前がある。

S：漢字で読めないこともある。　　S：ゆいさ？　　S：ゆかりにしよう。

S：えっ！　3文字のクラブ。　　S：バスケ？　　S：テニスかな？

S：次ははいるだわ。　　S：これは自信ある。　　S：あと2つ。

S：ペア？　　S：ってなると先ほどの答えはテニスでは？

S：最後はかてるでしょう。

　答えは「ゆいさ」「テニス」「はい」「ペア」「かてる」。

❹ 手話は言語である

口語法ではなかなかコミュニケーションがとりにくいことがわかった。それではどうすればいいのだろう。

S：すごい補聴器を発明する。　　S：手術で聴覚障害が治るといい。

T：人工内耳の埋め込み手術だね。

S：手話を学校の授業に導入する。

S：手話を公共の場やテレビのバラエティで使えるようにする。

T：普通学校の授業で手話を導入することは実施していないが，ニュージーランドでは，手話が公用語の一つとして認められている。

S：日本は？

T：日常生活での手話の活用を推進するための条例は，34都道府県，422市区町村で制定されています。

＊東京都品川区にある私立特別支援学校の明晴学園は，すべての活動や授業を日本手話と書記日本語で進める唯一の学校である。

❺ 聴覚障害者の多い町

米マサチューセッツ州マーサズ・ヴィニヤード島では，300年以上前から先天性聴覚障害者の割合が高い。米国全体の比率は，約6000人に１人だが，この町は，150人に１人であり，その中のチルマークという町は25人に１人であった。こんな町では，どんな様子になるのだろう。

S：手話が発達して，手話が主な会話手法になる。

S：看板が多い。　　S：視力がよくなり，口元で会話がわかる。

S：テレビの字幕が必須になる。　　S：音楽を聴かない。

S：バリアフリーがあたりまえ。　　S：学校は黒板に書く量が多い。

S：音楽の授業がない。

S：黒板に書いて終わり，あまり説明しない授業。

S：ジェスチャーゲームの遊びがはやる。　　S：身体表現がうまくなる。

S：テレパシー能力の発達。　　S：紙を持ち歩く。

など，多様な意見があった。

＊チルマークでは，家族だけではなく他の健聴者も手話を習得していた。声がかき消される騒音が多い場所でも会話ができる。この町の事例は，個人の努力や訓練にも限界があり，そのため重要なのは，社会の障壁をなくしていき，障害があってもなくても生きやすい共生社会に変えていくことの重要性を示唆している。

4 授業のふり返りと探究・対話のポイント

　授業では，ワークショップなどを通して，特権や気づきを自覚させることが大切だ。また，障害者が社会や学校の中で出会う困難・障壁を取り除くための「合理的配慮」が不可欠だ。眼鏡がそうであるように，街中や学校に，手話でコミュニケーションをとる人がいて，杖や車いすがオシャレの一つになり，それを使って歩く人が普通になれば，「障害」という言葉は，人を分け隔てる意味では使われなくなる。「障害者と健常者の境目」を取り除いていくのは私たちの意識である。

【参考文献】

・『朝日新聞』2017年10月21日，松井彰彦論文

・伊藤芳浩『マイノリティ・マーケティング』（筑摩書房）2023年

"男らしさ"を解消するジェンダー平等

1 100万人が受けたくなる！　ウソ・ホント？　授業のねらい

　ジェンダー平等を「当事者性」を切り口に，自身の"あやうさ"に気づくことを重点に学ぶ。また，変化してきたジェンダー意識や海外との比較から日本のジェンダー平等の問題点を考える。

2 学びを深める！　教材研究の切り口

　ジェンダー平等が進むことで，女性の社会進出が促進され，経済が活性化する。また「男は稼ぎ頭なんだから」「男だから遅くまで働けるのでは」などの"男らしさ"への「期待」は解消する。そして"働きやすさ"は，結婚や合計特殊出生率の上昇をもたらし，少子化対策としての効果もある。

3 対話を引き出す！　探究的な授業展開プラン

❶　女性にとって大切なのは瞳の大きさか？

　ジェンダー・バイアス学習では，興味・関心や当事者性，そして，他者と自己との認識の共通点や相違点に気づくことが大切である。

グループ討議

　HKT48の歌「アインシュタインよりディアナ・アグロン」という歌が炎上した。なぜだか考えよう。

　スマホで歌を聞き回答する。

　（男女混合，男子のみ，女子のみのペアをつくる）この歌の歌詞に
ついての感想を交流しよう。

A—（女子）軽く風船みたいに生きたいんだというのは納得。テストの点数
　以上に瞳の大きさが気になるというのは面白い，なんとなくわかる。
B—（男女混合）やっぱり勉強は大切，世の中のことは知らなきゃ。でも，
　かわいいにこしたことはない。
C—（男子）こんな女の子がいてもいいかも。でも，頭からっぽはダメだ。
D—（女子）世の中の常識を何も知らなくても，メイクが上手ならいい。ニュ
　ースなんか興味ないってのは，魅力ある女性とは思えない。
E—（男女混合）かわいいのはいいけど，勉強がどうでもいいってのは疑問。
F—（男子）たいていのことは，誰かに助けてもらえばいいって歌詞だけど，
　男子も女子に助けてもらっている。

　この歌詞が男性だったらどうか交流する。
　「バカより勉強できるほうがいい」「ニュースくらいは知らなきゃ」など。

❷ “あやうさ”に気づく

　自身のジェンダー・バイアス，とりわけ「偏見」「差別」に気づくことが
前提である。その“あやうさ”に気づき，他者との対話を通して意識を変え
る契機にしていく。

発問

　「育児放棄の母親」という新聞の題字が炎上したことがある。なぜ
炎上したのか？

S：DVがかなりひどかったから。
S：子どもを車に置きざりにしてパチンコをしていた。

T：「母親」に注目して考えなさい！　育児するのは母親だけ？

S：父親も。

T：育児は母親だけではなく父親にもその責任があるにもかかわらず，母親
　だけが問題視され炎上した。

✎ ペアワーク

　次のア～キで，納得することに○，ちょっと疑問なことに△，おか
しいと思うことに×をしよう。キは分担を決め○をしよう。

　　ア　男でしょう！　泣くんじゃない！

　　イ　女子は大学に行かなくてもいいよ。料理は必修。

　　ウ　男子はちゃんと仕事に就けるよう熱心に勉強しなきゃ。

　　エ　体育の時間，男子と女子がいっしょに授業を受ける。

　　オ　成人男性が平日公園で子守をしている。

　　カ　男性の看護師が，入院中看護にきた。

　　キ　（男女の分担を決め）子どもが小学校男子（女子）の場合どん
　　　な習い事をさせるか？　３つ選ぼう（水泳／絵画／学習塾／ピア
　　　ノ／習字／バレー／ダンス／体操）。

　×が多かったのはオである。子守は女性がするものとの意見が多い。また
エについては「体力差」にかかわる意見が多い。キ（習い事）については，
ステレオタイプ的な回答が多い。

〈例〉男子―水泳，学習塾，体操　　　女子―絵画，ピアノ，ダンス

❸　ジェンダー平等の変化

　ジェンダー平等の歴史や変化をキャッチコピーから考える。紙数の関係で，
教材の一例を紹介する。

・1975年インスタントラーメンのコマーシャル「私作る人，僕食べる人」

・1990年リゲイン「24時間戦えますか」のコマーシャルの背景。

・「イクメン」について考える。当たり前のことが当たり前になっていない

ために特別視される。

❹　海外のジェンダー平等と日本の課題

　日本のジェンダー平等の問題点を他国との比較から考察する。日本の「ジェンダー平等指数」は，153ヵ国中121位である（2019年）。政治分野においては，閣僚や首相の男女比，国会議員に占める女性の割合（10％）から144位と低い。また経済面では，賃金格差，管理職の男女比から115位である。

ペアワーク

　　ジェンダー平等，次の数字は何か？

　　　日本　14.8／韓国　14.5／米国　40.7／スウェーデン　40.2

　　　フランス　34.6／フィリピン　38.8／マレーシア　30.3

（令和２年男女共同参画白書）

S：同性婚。　　**S**：それはない。40％は越えない。

S：夫婦別姓の割合？

S：う～ん，そうかも。日本の女性も２つの苗字や旧姓を使っている人が増えてきた。

S：フィリピンやマレーシアもそうかな？

S：女性で結婚しても旧姓を使っている人の割合。

＊回答は，女性の企業での課長相当職以上，会社役員，公務員で管理職の割合である。

・2018年，ニュージーランドのジャシング・アーダーン首相は，世界で初めて首相在職中に出産休暇を取得している。また，各国の政治のリーダーは2015年から2017年の３年間で大きく男女比が変化している。

・カナダの閣僚―30％から50％

・ペルーの高等裁判所裁判官―９％から27.1％

・ロシア上院議員―8.4％から17.1％

・韓国の校長と副校長―29％から37％

なぜ，海外，特に北欧諸国で政治・経済面でジェンダー平等が進んでいるのだろう。

S：北欧は税の負担が多いので，育児や介護で面倒をみてくれるからでは？

S：高い税金はイヤだね。

S：でも，仕事や勉強がしやすいように税金を有効に使えばいいのでは？

T：大きい政府だね。北欧では，育児や介護の公共サービスがあるので女性も働きやすい。

S：日本だと子どもが生まれると女性は働きにくい。

S：だから管理職も少ない。

＊国会議員数がほぼ男女同数のスウェーデンは，比例代表選挙において，どの政党も候補者リストを男女交互に並べる。そのため，当選者も男女がほぼ同数になる。その背景は，有権者に，候補者リストが男女交互になっていないと，その政党には投票しないジェンダー平等意識が定着しているからだ。

❺ 男性も生きやすくなるジェンダー平等

グループ討議

ジェンダー平等社会が実現すると男性も生きやすくなると言われる。どうしてか？

S：女性が働いてくれると生活が楽になる。

S：でも家事労働や育児も分担だよ。

S：会社で男だからって言われなくなる。　　　S：それってどういうこと？

S：男だから弱音を吐くなとか。

S：あなたがしっかり働いてくれなきゃとか言われない。

S：わりといいかも。

4 授業のふり返りと探究・対話のポイント

　日本では「女性ゼロワン」が４割だ。地方議会で女性議員が０人もしくは１人の議会の数だ。また，50歳未満の女性議員は2.9％である（2022年時点）。地方議会という足元から変えることが大切だ。

　2023年４月，統一地方選挙が行われた。前半戦の41道府県議選の女性当選者は過去最多の316人となった。定数に占める割合は14％である。後半戦の政令市を除く市議選では過去最多の1457人である。当選者全体に占める割合は22.0％で初めて２割を超えた。町村議選では632人の女性議員が誕生した。当選者全体に占める割合は15.4％である。首長については，女性の市長は７人，町村長は２人誕生した。今回の統一地方選挙では一定の進展が見られたが，大きく20％を割り込んでいる。背景には，高齢男性偏重体質や，女性を政治の担い手とみない地方議会の現状がある。地方議会という足元から変えることが大切だ。

【参考文献】

・治部れんげ『「男女格差後進国」の衝撃』（小学館）2020年

・瀬地山角『炎上CMで読みとくジェンダー論』（光文社）2020年

・塙枝里子「ジェンダー・バイアスを考える」河原和之編著『100万人が受けたい！　主体的・対話的で深い学びを創る中学社会科授業モデル』（明治図書）2020年

・『朝日新聞』2023年２月18日

隣に高層マンションが建てられたら？

1 100万人が受けたくなる！　ウソ・ホント？　授業のねらい

「新しい権利」として「プライバシーの権利」「自己決定権」などがある。時代の変化とともに，権利の在り方や基準が変わっていくことを「日照権」から考える。

2 学びを深める！　教材研究の切り口

大阪教育大学３回生（当時）の里吉展さんの指導案からヒントをいただいた。新しい権利であるから，今後も時代とともに変化する可能性がある。日照権が主張された背景を学ぶことから，時代の変化と権利との関係を考える。

3 対話を引き出す！　探究的な授業展開プラン

❶　一人暮らしをするなら

ペアワーク

> 一人暮らしをするなら，どんな家に住みたいか？　自分が優先する条件に順位をつけよう。
>
> 　　1　駅から近い／2　近くにコンビニ／3　築年数が浅い
> 　　4　日当たりがいい／5　部屋の広さ／6　家賃が安い

S：やっぱり家賃では？　　　S：コンビニがないと一人暮らしは無理。

S：部屋の広さは拘らない。　　S：駅近は絶対条件では。

S：日当たりについてはちょっと贅沢。

S：4は優先順位としては下位が多い。

❷　新しい権利「日照権」

❓クイズ

今日は全然優先されなかった日当たり（日照権）について勉強する。日照権が主張されるようになったのはいつ頃からだろう。

1940年代／1950年代／1960年代／1970年代

答え：1970年代

😊考えよう

主な出来事をまとめた年表をみて，なぜ1970年代頃から「日照権」が主張されるようになったかを考えよう。

S：光化学スモッグが発生し環境が意識されるようになった。

S：1971年に環境庁ができる。

S：水俣病をはじめ公害裁判が各地で行われる。

T：環境が国民全体に意識されるようになったってことだね？　他は？

S：マンションなど高い建物が乱立した。

S：高層ビルが多くなった。

S：土地の価格が上がり，高いビルをつくる方が格安になった。

＊高層ビルが多くなったこと，公害裁判や法整備，環境庁設置などにより，人々の意識が変化したことで「新しい権利」として「日照権」が主張されたことを確認する。

❸　エコに取り組むAさん

次の会話を紹介する。

A：ご覧ください！　我が家は太陽光発電で生活します。

かかった費用は約260万円。ところが数日後……。

A：な，何⁉　高層マンション？

　高層マンションが建つと，光がほとんど差し込まず，260万円もかけた太陽光発電は使えない。Aさんは，マンション売主に対して，太陽光発電の費用である260万円の賠償を求めて裁判を起こした（事例は創作）。

❹　**君の判決は？**

> 　Aさんは，マンション売主（B）に対して賠償を求め訴えた。どんな判決を下すか。

S：マンションを建てられたら，太陽光発電ができないんだから，賠償すべきでは？

S：でも，そんなことを言ったら，太陽光発電をしている隣には何も建てられなくなるよ。

S：居住の自由もあるのでは？

S：高層ビルが制限されているところもあるよね。

S：奈良市だね。

S：それは奈良の景観を守るという別の理由。

S：太陽光発電ができないから高層ビルを建てないってことにはならない。

S：賠償金請求は認めないという判決で！

4 授業のふり返りと探究・対話のポイント

　同様の裁判事例を紹介する。

〈福岡地方裁判所（平成30年11月15日）〉

　裁判所は「太陽光発電のために太陽光を受光する利益は，法律上保護に値する利益である」とした。その上で次の理由により損害賠償請求を認めなかった。

- ・太陽光発電は近年普及されたものであることから，どの程度が確保されていれば利益の侵害に値するのかを明確に判断することができない
- ・太陽光パネルの位置が低く，隣に建物が建設されると，太陽光パネルが日影になることは容易に予測できる
- ・太陽光パネルに日影ができることで，住宅に大きな支障が出るわけではない

【参考文献】

- ・大阪教育大学3回生（当時）里吉展さんの指導案

子どもの声は騒音なのか？

1 100万人が受けたくなる！　ウソ・ホント？　授業のねらい

　子どもたちが，楽しく遊んでいる声が「和み」に聞こえる人もいれば，「騒音」に聞こえる人もいる。白黒では判断できないグレーな事例である。「公共の福祉」により，人権が制限されることはよくある事例だ。本稿では「子どもの声」と「公共の福祉」の関係を考える。

2 学びを深める！　教材研究の切り口

　小さな新聞記事が目に留まった。「長野市の公園廃止問題」「子どもの声は騒音？」「ドイツがとった道は？」に教材化の可能性を感じた。単元は？「公共財」「環境権」「公共の福祉」「地方自治」，さて，どこに位置づければいいのか？　迷った末に「公共の福祉」が第一義とされなかった事例として扱うことにした。

3 対話を引き出す！　探究的な授業展開プラン

❶　こんな施設が家の隣に

😊 グループ討議

> 次の施設が家の隣に設立されたらどうか？
> 　　A　小学校／B　幹線道路／C　公園／D　スーパー

S：小学校は運動会の練習などで，うるさいからイヤ。

S：でも，子どもの声を聞くと元気が出る人もいるのでは。

S：幹線道路はイヤだね。　　S：危ないし夜中も騒音でうるさい。

S：公園はいいね。　　S：休憩もできるし窓から緑が見える。

S：子どもが誕生したら遊び場になる。

S：夜に若者が集まったらイヤじゃない？

S：スーパーはすぐ買い物ができるからいい。

S：でも夕方は買い物客でごった返すよ。

S：マンションの1階につくられるケースもあるから便利なのでは。

　とりわけ結論は出さないが，多様な意見があることを確認する。

❷　青木島遊園地

😊 考えよう

　上の写真は長野県の青木島遊園地という公園だ。公園の上方に住宅地がある。住民にとってこの公園はどうだろう。

S：すぐ隣にあるから和めるのでは？　　S：右の建物は？

T：児童センターです。

S：ってことは保育園も含めてまわりは子どもばかり（笑）

S：運動場も小さいから公園で遊んだりするのでは。

S：昼間からずっと子どもの声が聞こえ，夜は中高校生がたむろする？

T：何かメリットはないですか。

S：子どもの声に和む人もいる。

S：保育園や小学校にとってはいい環境にある。

S：車の通行も少なそう。

　この立地条件の公園についてはメリット，デメリットがあることを確認する。

❸　子どもがうるさい

グループ討議

> 　2022年，住民の一人が「子どもがうるさい」と行政に訴えた。「公共の福祉」という観点を含め，このことについてどう考えるか？

S：ええ！　訴えたんだ。　　**S：**裁判じゃないよね。

S：公園を使用している人にとっては逆に困るよね。

S：子どもの声が騒音にあたるってことかな？

S：コロナ禍で子どもの声がしばらく聞こえなかったからじゃない？

S：公共の福祉って観点からだと，子どもの声はガマンする必要があるのでは。

S：憲法の何という権利？　　**S：**環境権では？

S：子どもの権利条約からしてもおかしくない？

S：だね。公共の福祉からも子どもの権利条約からしても，この人の訴えはおかしい。

　以下の説明をもったいぶりながら行う。

　『「子どもの声がうるさい」との一軒の住民のクレームが発端となり，青木島遊園地が……2022年12月……閉鎖されました』

　「ええ！」「うそっ！」「クレーマーって？」「子どもがかわいそう」「子どもが，自分たちのせいでそうなったと思う」等々の声。

＊長野市公園緑地課は，クレームの存在には触れず，「かなりの音」の発生，

地域の草刈り等の活動が継続不能，利用者が少ないとの理由で閉鎖・廃止するとの文書を流した。

4 授業のふり返りと探究・対話のポイント

　新聞によるとドイツは「子どもに優しくない国」だそうだ。近隣住民からの苦情と訴訟で保育園が閉鎖になったケースも多数ある。しかし，判決が社会に物議をかもしたことで政治が動き，2011年には，子どもが発する声や音について「環境を害する騒音ではない」と規定された。

　実は，日本でも「子どもの声」が裁判になったことがある。10数年前，東京都西東京市の公園で，夏の噴水で遊ぶ子どもの声に，付近の病気療養中の住民が噴水使用停止の仮処分を申請した。東京地裁は「子どもの声は騒音ではない」とした市側の主張を立ち退けた。今回の長野市公園緑地課の自主決定には，この地裁判決も影響している。

【参考文献】

・『朝日新聞』2023年1月23日／2023年2月3日

幸福の条件と部落差別

1 100万人が受けたくなる！　ウソ・ホント？　授業のねらい

　1965年，政府の同和対策審議会答申により，部落差別をなくすことが国の責務であり課題とされた。2016年，部落差別解消推進法が制定され，差別解消のための積極的な対策が必要になっている。本稿では，「幸福の条件」という観点から部落差別を見直し，差別解消の展望を対話を通して考える。

2 学びを深める！　教材研究の切り口

　ワークショップを通して「部落差別の現状」と「差別解消」の道筋を，子どもたちの対話を通して考える授業である。とかく差別問題や解決の方法については，注入型授業が多いが，本授業は子どもたち同士の議論により部落問題解決の展望について議論したものである。本事例は，教師向け研修会でも実施している。

3 対話を引き出す！　探究的な授業展開プラン

❶　幸福の条件

　4〜5名のグループをつくり模造紙もしくはA3の紙を配布する。

📝書く

　グループで，幸せに安心して暮らす（幸福の条件）ためには，どのような条件が必要か，最低15項目書こう。

S：お金はやっぱり大事では。

S：ってなると仕事だね。

S：精神的な幸福も必要だから友人や恋人。

S：家族は必須だね。　　S：趣味もないと。　　S：旅行とか。

S：いじめがないとか無視されないとか人間関係的なことも。

〈あるグループの事例（19項目）〉

お金／仕事／友人／恋人／家族／趣味／健康／仲間／住居／食べ物

旅行／教育／運動／環境／笑い／いじめがない／無視されない

テレビ／スマホ

---

❷　部落差別と幸福の条件

💬 グループ討議

　　先に出した幸福条件について，部落差別によって，少しでもなくしたり，侵害されるのはどれか○をしよう。

S：就職差別もあるように思うから仕事。

S：そうなるとお金もだよね。

S：結婚差別も残っているから恋人も。

S：友人関係にも影響しないかな。

S：お金がないと趣味や食べ物，そして旅行にも行けない。

S：塾に行けない人も多いから教育にも関連する。

S：隠然としたいじめや無視もあるかな？

S：心から笑えないよね。

S：ええ，こうなると全部？

S：家族はまとまっていると思う。

S：でもお金とかなかったらギクシャクするよ。

S：運動はヤル気になればいつでもできる。

S：テレビ，スマホはオッケー。

S：でも，部落差別によって幸福の条件が侵されるってけっこう多い。

　本グループは「家族」「運動」「テレビ」「スマホ」以外はすべて，部落差別と関係しているとの意見である。

　分母に「幸福の条件」，分子に「侵害されている」数字を書き発表する。多くのグループが分子の数が分母と近い数字になっている。

❸　差別解消の展望

😮 グループ討議

> 　差別を解消するためには，分子の中のどの項目が改善すればいいか？　グループで3つを選択し，プレゼンしよう。

〈Aグループ〉

・**教育**→教育を受け学力をつけることで，仕事も保障され，収入も増え，趣味も多くなり，旅行も行ける。また，社会のことがいろいろわかり，友人も増える。

・**仕事**→仕事により収入を得ることで，いろんな可能性が増え，気持ちの余裕もできる。仕事を通じた仲間や友人も増える。家族関係にも好影響を与える。

・**仲間**→友人も同様だが，差別のことなど一人ではなくみんなで考えたり行動することによって元気が出てくる。仲間で取り組むことで実現することも多い。

〈Bグループ〉

・**教育**→教育は，差別をなくすための学習をするので偏見等がなくなる。また，教育は，将来の仕事や家庭にも影響を与えるので重要。

・**お金**→お金というとマイナスイメージがあるが，お金によりさまざまな娯楽を楽しめ，本も読め，豊かな暮らしができる。豊かな暮らしは気持ちに

余裕を与え，家庭や人との関係にも好影響をもたらす。

・環境→被差別部落の住宅環境をはじめ，ゴミの問題，災害対策，医療環境などを整備することで住みやすい街になる。

4 授業のふり返りと探究・対話のポイント

今日の日本に部落問題が激然と存在しているにもかかわらず，ジェンダー平等をはじめ，障がい者，外国人への"人権"が叫ばれる時代にあって正面から見据えることが回避されているように思う。内閣府政府広報室がまとめた「人権擁護に関する世論調査の概要」によれば，「日本における人権課題について，あなたの関心があるものはどれですか」と複数回答を可として問うた結果，「障害者」の51.1％を筆頭に，「インターネットによる人権侵害」（43.2％），「高齢者」（36.7％），そして「部落差別等の同和問題」は20項目中13位で14％となっており，けっして高いとは言えない。学校教育においても，人権教育研究集会の冊子を見る限りではあるが，「部落問題」を正面から実践する学校園も減少し「人権教育」や「人間関係づくり」に矮小化するケースも多いように思われる。

【参考文献】

・黒川みどり『近代部落史』（平凡社）2011年

くじ引きで参議院議員を選出すれば

1 100万人が受けたくなる！　ウソ・ホント？　授業のねらい

　戦後，日本の議会が貴族院をなくし，参議院ができて75年，３年ごとにある選挙は2022年で26回になる。本稿では，「くじ引き」による議員選出する"意外性"をキーワードに，参議院の存在意義を再考する。

2 学びを深める！　教材研究の切り口

　新聞記事に踊る「くじ引きで参院を市民院に」という文字。おもしろくない国会のしくみの授業を変えることができるのではないかとの予感がした。実現性はほぼないが，対話と議論を重ねることで現在の二院制の課題が浮き彫りになる。

3 対話を引き出す！　探究的な授業展開プラン

❶　国会，なんでも聞いてみよう

💡 発問

　国会や国会議員について知りたいことを質問しよう！　先生がわかる範囲で答えるよ。

S：国会議員の給料は？

T：期末手当を含め年間約2200万円です。衆参議長はそれ以上で，内閣総理大臣より多いです。

S：国会でもめていた文書・交通費は？

T：月100万円が支給され，週末などに地元へ戻るためのJRの無料パスや航空券の回数券などもあります。

S：国会中継の視聴率は？（笑）

T：NHKで放送される国会中継の視聴率は1〜2％です。小泉純一郎氏が総理のときは"小泉劇場"と言われ，最高視聴率は13.1％を記録しました。

S：発言者を○○君と呼ぶのはなぜ？

T："さん"と呼ぶ議長もいましたが，規則として「互いに敬称を用いなければならない」と書かれているからです。

＊国会議事堂は国産品のみの材料で建設されている。例えば，北海道からは，ケヤキやブナ，茨城からは銅，大理石，愛知からは陶器やタイル，京都からは飾金具などである。

❷ 衆議院と参議院

？クイズ

次の写真（略）は衆議院か，参議院か？
① （国会全景）正面に向かって右側
② （議場）天皇の御座所がある
③ （名簿表示）政党順ではなく，あいうえお順

答え：すべて参議院

②大日本帝国議会当時，貴族院で天皇が挨拶に来たので，その箇所が御座所になっている。

③衆議院は，政党中心ということから，参議院は政党の枠を超えた個人という理由からである。

　衆議院，参議院の違いを，定数，任期，解散の有無などからまとめる。また衆議院の優越について具体例を通して説明する。

❸ なぜ二院制なのか？

😊 **考えよう**

> なぜ二院制なのだろう？

S：慎重に審議するため。

S：衆議院で決めたことをもう一回考え直すため。

T：教科書にそう書いてあるよね（笑）

S：芸能界の人などがいるので，政治が身近になる。

S：でもほとんど衆議院の意見で決められてしまう。

T：実は，アメリカの総司令部が作成した憲法草案では，一院制になっていましたが，日本は大日本帝国憲法時代から二院制なので，そうしたいと強く主張したことも一つの要因です。

😊 **グループ討議**

> 参議院は，その役割から「○○の府」と言われる。2つ考えよう。

「慎重」「再考」「議論」「矛盾」など。

T：答えは「良識」と「再考」です。

S：でも，衆議院で決めたことを追随しているだけでは？

S："追随"の府と言うのが正確では？

T：参議院で野党の議員数が多いときには"ねじれ国会"と言われ，法案が成立しなかったこともあった。

＊法律案は参議院で否決されたときは，衆議院で再審議され，3分の2で可決する。予算案については，30日以内に参議院が議決しない場合は衆議院が優越されることを説明する。

❹ ええ！ くじ引きで選ぶ？

発問

　先生はくじ引きで参議院議員を選ぶことを提唱するよ。選挙で議員を選ぶ衆議院議員と，くじ引きで選ぶ市民院の二院制に変える。何か質問や意見はあるかな？

S：くじ引きってなんかふざけている感じがする。

T：いろんな職種や考えの人が選ばれていいのでは？

S：政治にまるで興味のない人が選ばれる可能性がある。

T：現在の参議院が政治に精通していると言えますか？

S：国会で質問や意見を言わない議員が出るかも。

S：庶民感覚で言えるのがいいかも。

S：政党に縛られることなく自由に意見が言える。

T：参議院の多くは特定の利益集団を支持母体とし，政党の考えにも縛られています。

S：特定の利益集団って？

T：農業協同組合や先生の組合とかだね。

❺ 「くじ引き」による「市民院」のメリットとデメリット

グループ討議

　「くじ引き」による選出のメリットとデメリット２つのグループに分かれ議論しましょう。

〈メリット〉

「女性議員が多くなる」「女性が半数になる可能性大だわ」

「農民や医者も選ばれる」「弁護士やプロ野球の選手も」

「子育てで悩んでいる人やホームレスの人も可能性ありだね」

「つまり，いろいろな立場や考え方の人が選出されるってことだ」

「衆議院と同じ法案を変化もなく議論するということがなくなる」

「政党と関係ないってのがいい」「そうか！　政党の意見に縛られないんだ」

　本グループの結論は，いろんな職種や立場の人が参加し，政党の縛りがなくなる。

〈デメリット〉

「ヤル気のない議員が一定数選ばれる」「議会中に寝る議員も出てくる」（笑）

「法案の内容が理解できない人が当選する可能性がある」

「国会が井戸端会議になる」

「わけのわからない反対意見があり，法案が煮詰まらなく，成立するまで時間がかかる」

「予算に対する権限がほぼないに等しい議院なのでまじめに議論しない」

「仕事に燃えている人や，職場で，かなり重要視されている人は無理では」

　本グループの結論は，予算や法案に対する意識の違いが大きく，一部の意見によって決定してしまう。

❻　憲法による制約

　憲法前文には，「日本国民は，正当に選挙された国会における代表者を通じて行動し」とあり，現憲法下では「くじ引き」で議員を選出することは難しい。

😊 **考えよう**

　「くじ引き」に賛成の人はどうですか？

S：憲法を改正しないといけないんだ。

S：「選挙」という語句を「選挙もしくはくじ引き」に変える。

S：やっぱり海外向けにも難しくない？

S：これ以外に方法はないのかな？

T：参議院議員選挙の比例代表制で，"○○党"という投票選択肢の中に"抽選"という項目を盛り込む方法です。抽選枠に投票した割合に応じて"抽選"で議員を選出します。

＊参議院選挙で全国区を復活する意見もある。1980年まで，参議院選挙は，定数100人の全国区として，全国一選挙区で個人名で投票する選挙を行っていた。有名な学者や人材を議員にして，いろいろな分野の代表者を国政に送り出すことが目的だった。

4 授業のふり返りと探究・対話のポイント

"おもしろくない"と揶揄される国会のしくみの授業を，興味・関心のあるものへと転化しようと構想したものである。また，「くじ引き」と「選挙」のどちらが，国民主権の原則を反映できているのかとの「問い」から，現行制度の「二院制」や「参議院の在り方」を再考する授業事例である。

【参考文献】

・岡崎晴輝「民主主義の現在地」『朝日新聞』2022年6月25日

・時事通信社政治部監修『【新訂版】図解　国会の楽しい見方』（東京書籍）2018年

「命の価値」裁判

1 100万人が受けたくなる！　ウソ・ホント？　授業のねらい

　教科書の表題には「人権を守る裁判とその課題」という章がある。本稿では，「司法判断」が「平等観」に変化を与えた事例を学ぶ。聴覚障害のある子どもが将来にわたって得るだろう所得を低くみるのは妥当だろうか？　具体的な裁判事例から考える。

2 学びを深める！　教材研究の切り口

　2022年11月6日の『朝日新聞』「社説余滴」からヒントを得た題材である。筆者の井田香奈子氏は，わずか1000字の文章の中に，障がい者と女性に対する「平等」について論じている。「余滴」とあるように，押し付けではなく，心に響くメッセージである。また「時代の先を読むこと」「司法判断（法律）が，時代の変化をつくること」が伝わる。この題材から「裁判所」のはたらきについて考えてみた。

3 対話を引き出す！　探究的な授業展開プラン

❶　交通事故死の保障

💡 発問

　縁起でもない話だが，いつ交通事故にあって死亡するかもしれない。先生と君たちとではどちらの方が損害賠償は高いのだろうか？

S：そりゃ，私たち。

T：えっ！　どうして？

S：若いから。

S：若いと可能性として先生より長生きし，多くのお金を稼ぐ可能性がある。

T：先生が大会社の社長だったら？（笑）

S：先生のほうが多いかも。

T：つまり，その職業の平均賃金をもとに，その後，平均寿命まで生きると仮定して算出されるんだね。

＊逸失利益とは，本来交通事故がなく，被害者が生命の侵害を受けなければ生きていたとされる年齢に達するまでの推定収入から，生活費を引いた金額である。

❷　聴覚障がい者の交通事故

　2018年，大阪でショベルカーが歩道に突っ込み，近くの聴覚支援学校に通う11歳の女子児童が亡くなった。児童は，生後すぐに難聴とわかり，医師からは，「将来話すことは不可能」と言われていた。母は，聴覚障害者向けの教室に通い，自宅では，野菜などを見せながら，口を大きく動かして言葉を教えた。その成果もあり，発音の仕方と相手の話す内容を理解でき，友人と会話もできた。聴覚支援学校では，授業に積極的に取り組み，漢字検定試験を受ける予定だった。遺族は運転手と勤務先の会社に対して損害賠償を求め

る民事裁判を大阪地方裁判所に起こした。

🎐 ペアワーク

あなたは裁判官だ。この事故の損害賠償について，どんな判決を出すか？　本裁判は，まだ係争中だ。（2022年12月時点）

S：聴覚障害の子だから，将来の収入は少ないと予想されるのでは？

S：それっておかしくない？　今は，障害者も雇用する時代だから健常者と同じ保障になるのでは？

S：でも，この子がどんな働き方をするかわからない。

S：聴覚障害者の通常の給与を平均して考える以外にないのでは？

S：この子は，お母さんの努力もあって，友人と会話もできたんだね。

S：相手の話す内容も理解できたから，賠償金も多くなるのでは。

S：女性ということは影響ないかな？

S：今は男女同一賃金じゃないの？

　遺族側，被告側の主張を紹介する。

　遺族側：娘は11年間，必死に努力し，頑張ってきました。将来，たくさんの可能性を秘めていました。にもかかわらず，民事裁判で「聴覚障害がある」と差別され，侮辱を受け……。親としてどうしても黙っていることはできません。

　被告側：聴覚障害者は，思考力，言語力，学力を獲得するのが難しく，就職自体が難しい。したがって，逸失利益（生涯の収入見込み額）の基礎収入を，聞こえる女性労働者の40％とすべき……。

　本ペアの判決は「聴覚障害があるが，話す内容も理解でき，会話もできるため平均の90％」。

❸ 男女間の損害賠償

😊 考えよう

男女間で損害賠償は異なってもいいのか？

S：男女同一賃金の時代だからそれはおかしい。

S：平均賃金は女性のほうが少ないのでは？

S：それはパートの人たちが多いからでは？

S：まだまだ，専業主婦の人も多いから同じというわけにはいかない。

S：女性で高額の給与を得ている人も多くいる。

T：男女に関係なく職種などによって損害賠償を考えるべきってことだね。

😊 考えよう

実は，2001年，11歳のときに交通事故でなくなった女子児童の司法判断がある。障害のある児童ではないが，損害賠償額を予想しよう。

S：へっ！　私たちの生まれる前の判決だ。

S：当時は，賃金は男女平等ではなかったのでは？

S：1985年に男女雇用均等法が制定されているけど，法律がつくられたからといってなかなかよくならないよね。

S：1999年には男女共同参画社会基本法もつくられているよ。

T：確かに法律が施行されるということは大きいね。その法をもとに司法に訴えることもできるからね。

S：2001年だからかなり踏み込んだ男女平等の判決では？

S：現在でも，賃金は男女により格差があるから，20年前は踏み込んだ判決は無理では？

S：男性より60％くらい低い損害賠償額では？

＊もったいぶりながら判決を紹介する。

　　東京地裁は「多様な発展可能性を性の違いで差別する可能性がある」「個人の尊厳や男女平等の理念に照らして（中略）適当でない」として男女の労働者の平均賃金から算定する方法を判決で採用した。……東京高裁も同じ判断だ。

S：裁判所もなかなかやるな！

T：女性は概ね，男性の３分の２の時代だったから批判もありました。

S："司法権の独立"って教科書に書いてあるけど，このことだ。

S：世論に迎合した判決でないのがスゴイ。

T：また，司法が，それ以降の時代の変化をつかんでいたって言えるね。その後，男女の賃金格差が縮小していく方向に進んでいく。

S：ええ！　司法判断によっても現実が改善されるんだ。

　法律や司法判断，そして教育等によって社会（差別）意識が変化することを確認する。

＊2023年２月27日，2018年に起こった事故についての判決が大阪地裁であった。判決は「難聴女児の逸失利益は労働者平均の85％」とされた。根拠は「乳幼児期からの手話通訳の導入などで，聴覚障害者の大学進学率が上がっている」「音声認識アプリなどの技術革新がある」「障害者権利条約の批准」（要旨）等である。遺族側は「聴覚障害をもって生まれたら，どんなに努力しても無駄なのか」と反論している。

4 授業のふり返りと探究・対話のポイント

　逸失利益は，被害者が就労者の場合，事故前の収入と，その後の働ける年数などを根拠に算定される。一方，子どもの場合は将来どんな仕事に就くかが見通せないので逸失利益が認められなかった時代があった。だが，1964年，最高裁は「不正確さが伴うとしても，裁判所はできうるかぎり蓋然性のある額を算出するよう努める」とした。ただ，裁判例では障害がある場合，逸失利益が低くなるケースが多いのが現実だ。

　本授業を学生に模擬授業として実践した折，「裁判員制度」に関連し，次の発言があった。

　「私たちが明日にでも裁判員になる可能性がある。このような裁判の事例を知ると（中略）刑事裁判が人権の進展と関係しているとは目から鱗だった」

　子どもはあらゆる可能性を秘めた存在だ。本来，生命はそれぞれ等しく価値があるものだ。性別や障がいなど「生まれた」時点で差をつけることは最善の方法なのか考えてみたい。また，裁判所の判決が社会に与える影響についても議論したい。

【参考文献】

・「社説余滴」『朝日新聞』2022年11月6日

・『朝日新聞』2023年2月19日

日本の減災

1 100万人が受けたくなる！　ウソ・ホント？　授業のねらい

　「災害国」から世界に冠たる「減災国」になった日本の要因を考え，世界に発信していくことを考える授業である。自然による災害そのものをなくすことは，かなり難しいが，人間の英知による減災を可能にできることを学ぶ。

2 学びを深める！　教材研究の切り口

　「減災」という切り口から，日本の災害リスクを減らすことだけではなく，アフリカをはじめとする「人災」の多い国々への貢献についても考える。

3 対話を引き出す！　探究的な授業展開プラン

❶　災害に遭いやすい国

　国連大学が災害による被害に遭いやすい「世界リスク報告書」を公表している。「地震」「台風」「洪水」「干ばつ」「海面上昇」などの視点からのアプローチである。

> **? クイズ**
>
> 　「災害への遭いやすさ」について，日本は10位以内である。171ヵ国中何位か？（2022年）

　1位から順に挙手する。5位から7位までが多い。

　答え：4位

「災害リスク」の高い国々を紹介する。

バヌアツ，トンガ，フィリピン，日本，コスタリカ，ブルネイ，モーリシャス，グアテマラ，エルサルバドル，バングラデシュ，チリ，オランダ。

💬 グループ討議

> それぞれの国の位置を確認し，１ヵ国を選択し，どうして災害が多いのか交流しよう。

〈フィリピンの話し合いの事例〉

S：日本以上に台風に遭いやすい。

S：小さい島がいっぱいあるので台風の影響は甚大。

S：サバナ気候で雨季にすごい雨が降り，洪水が起こりやすい。

S：地震も多いと思う。

S：地球温暖化による海面上昇はあまり聞かない。

❷ なぜ，日本は世界４位なのか？

😊 考えよう

> 日本は世界４位と「災害への遭いやすさ」が高いのか？

S：地震が多い。

S：阪神・淡路や東日本大震災など大きい地震も頻発している。

S：この間，毎日と言っていいほど地震が起こっているね。

S：南海トラフについてもこの前テレビで放映していた。

T：日本はプレートの上に立地しているからね。

S：台風も最近多くない？

T：地球温暖化によって海水温が温められ，日本列島に近づくと大型化するようになったよね。

S：雨が多いから洪水も。

S：ここ数年，死者もけっこう出ている。

S：日本の川は急流ってことも一つの要因では。

S：火山もよく噴火する。

T：御岳山の噴火では多くの死者も出たよね。

S：こうして考えてみると，日本って災害列島だね。

S：ないのは干ばつくらいかな。

S：雨が降らなくて困ることもあったように思う。

❸ 世界リスク指標

　災害に遭う確率に加え，被害を拡大させる政治，経済，社会構造などを加味して，災害にどの程度遭いやすいかを評価する「世界リスク指標」（WRI）がある。

クイズ

　世界リスク指標，日本は何位か？

あまり根拠もなく適当に発言している。答えは「17位」である。

考えよう

　日本は「災害への遭いやすさ」では世界４位なのに，実際に遭うのが17位なのは，なぜだろう。

S：避難訓練。

T：重要だよ。

S：東日本大震災でも，多くの人が亡くなった学校と，そうでない学校があったよね。

T：そのときの臨機応変な判断も大切だね。

S：整然と行動できる国民。

S：ボランティアをしようという人が多い。

S：災害に遭ったときの医療体制が整っている。

T：公衆衛生も世界から注目されてます。

S：道路や橋も強固なものがつくられている。

T：インフラが整ってるってことだね。

S：これによって救援物資がスムーズに運べる。

❹ 日本の貢献

💬 グループ討議

「災害への遭いやすさ」は低いが，「災害への脆弱性」では，アフリカ諸国はワースト15位までに13ヵ国が入っている。このような世界のリスクに対して日本はどんな貢献ができるか考えよう。

S：学校やビルの耐震技術を広げる。

S：災害に強い道路や橋をつくるインフラへの貢献。

S：上下水道が整っている日本の技術から水が確保できる施設をつくる。

S：災害救助のためのヘリコプターを援助する。

S：ボランティアを育成していく。

S：日本での避難所での集団生活の仕方。

4 授業のふり返りと探究・対話のポイント

　過去において最も人的被害が多かった台風は，1959年9月の伊勢湾台風である。最大風速75m，中心気圧895hpaで死者・行方不明者は5000人を超えた。1961年9月第二室戸台風は，最大風速75m，中心気圧890hpaで伊勢湾台風にほぼ匹敵するが，死者・行方不明者は約1000人である。家屋もそうだが，伊勢湾台風の被害から自治体や個人も学び，対策を講じたからである。

【参考文献】

・『毎日新聞』2016年8月26日

"交換" ってなかなかステキ

1 100万人が受けたくなる！　ウソ・ホント？　授業のねらい

　学習指導要領では「市場の働きと経済」において，「対立と合意，効率と公正，分業と交換，希少性などに着目して，課題を追究したり解決したりする活動を通して（後略）」という記述がある。本稿では "交換" の概念について「障害者の仕事」「オランダ農業とEU」「メキシコの自動車工業」から考察する。

2 学びを深める！　教材研究の切り口

　得意，不得意を活かし，みんなが幸せになる社会を築くことが "交換" の概念を習得する意義であることを具体的事例を通して考える。

3 対話を引き出す！　探究的な授業展開プラン

❶　人を活かす「比較優位」「分業」

🌀 ペアワーク

> 　翔太は，2人でミニコミ誌をつくる仕事をしている。取材と刊行誌づくりだ。翔太は取材力抜群で，パソコンも堪能だ。いっしょに仕事をしている亜美は，取材もパソコンも普通の能力だ。2人は，どのように分担すれば仕事が能率的になるか。

S：翔太が取材で亜美がパソコン。

S：取材力って訓練しても上達しないが，パソコンは練習でなんとかなるから。

S：2人で2つの仕事を分担すると，能率的ではない。

S：翔太のパソコン能力は素晴らしいが，取材に専念することで，いい誌面をつくることができる。

　翔太は亜美に対して「取材力」も「パソコン」も「絶対優位」である。

　翔太が，2つの仕事をするための無限の時間はない。そこで，「取材」は翔太，パソコンを亜美に任せると，亜美は翔太に対してパソコンは「比較優位」をもっていると言える。

☺ **考えよう**

　Aワイン工場がある。ここでは知的障害者が，ワインボトルを1日数回きっかり90度ずつ回転させたり，ブドウ畑で缶をたたいて，カラスを追い払う作業をしている。この働き方はどこが素晴らしいか？

S：ワイン販売は障害者は苦手な人が多いように思う。カラスを追い払う仕事をしてくれるから販売する人は販売に専念できる。

S：その人にあった仕事をすることで効率的になる。

T：適材適所を踏まえた分業により，作業能率が上がり，生産量もアップする。「比較優位」「分業」の考えは，人を活かすものでもある。

＊20歳から60歳までの40年間，「障害者」を，施設が請け負った場合，職員や医師の人件費まで含めた金額に換算すると，1人につき約2億円かかる。皆働社会を実現することは，国家財政の効率化をもたらす。

❷ **"交換"を担う物流センター（卸売業）**

　東大阪市にネジ物流センターがある。ここから「交換（物流）」の役割を学ぶ。グループを，ネジを「売りたい（A）」「買いたい（B）」グループの2つに分ける。

😀 Aグループ討議

あなたはネジ会社の社長だ。ネジを売るためにどうするか？

S：ネジを必要とする会社にいくつか電話する。　　S：じゃまくさい。

S：会社のつくっている規格が製品に合うかどうかわからない。

S：規格って？　　S：長さや直径などかな。

S：HPをつくって売り出せばいい。

😀 Bグループ討議

あなたは，電気メーカーの社長だ。ネジを買いたいがどうするか？

S：ネットでネジ製造会社を調べて注文する。

S：規格に合うのがなかなか見つからないのでは。

S：しかし，それを製造している会社を探すのはたいへんだ。

　ABの立場で，販売と調達の方法を発表させる。

＊「サンコーインダストリー（株）」のパンフを紹介する。

　「お客様が必要な時に必要な数の商品を，たとえ，ねじ1本からでもお求めいただける。あたかもお客様の倉庫として，便利に快適にご利用いただける場所，それがサンコーインダストリーの目指す物流センターです」

😀 考えよう

この会社，つまり「物流」の役割って何だろう。

S：必要な会社に必要なモノを届ける。　　S：仲介の役割を果たしている。

S：すごい！　かなり手間が省ける。

S：買ってくれる会社を探す手間が省ける。

T：それは購入する方も同じだね。この物流センターに連絡するだけで，すぐに必要とするネジが手に入る。

S：でも，すべてのネジを揃えているのかな。

❓クイズ

全国には約300万アイテムのネジがある。この会社は，どれくらいのネジを揃えているのだろうか。

約50万／約70万／約100万

答えは「約100万」アイテムである。倉庫が3階から6階まである。

＊この会社は，1160社からネジを入荷し，出荷は5440社である。こうして物流センターは，多くの会社の手間を省き，経済の効率化に貢献している。

❸　オランダ農業と自由貿易

オランダの位置や気候などを確認する。

1年を平均すると低温で，日照時間も少ない。国土面積は日本の九州と同じくらいで，農地は国土面積の約半分である。しかし国土面積の4分の1は海面より低く，干拓地となっている。農業には適していない自然条件だが，農家一人当たりの耕地面積は，25ha で日本の1.8ha より多い。

❓クイズ

農産物の輸出額は909億ドルである。これは世界何位か？

答え：米国に次ぐ世界第2位

オランダと日本の食料自給率を比較し，気づいたことを発表しよう。

〈資料〉オランダと日本の食料自給率（%）

	自給率	小麦	イモ類	野菜	果実	肉類	乳製品
オランダ	61	19	181	325	39	326	162
日本	38	16	73	79	38	52	59

（農林水産省「食料自給表」(2019年)）

S：ヨーロッパなのに小麦が少ない。

S：狭い面積なので小麦はつくらないのでは。

S：低湿地が多く乳牛を飼育しているから，肉類や乳製品が多い。

S：ヨーロッパ人はじゃがいもをよく食べるので，多く生産し輸出している。

S：オランダは自給率が高いものと低いものが極端。

S：イモ類，野菜，肉類，乳製品がかなり生産量が多い。

S：これだけ生産してどうしているのかな？

S：他の国に輸出している。　　S：EU だから関税もなく輸出しやすい。

S：得意なものを輸出して，苦手なものを輸入している。

S：オランダは面積も狭いのに，アメリカに次いで，農産物の輸出額が多い
　のは EU のおかげなんだ。

*ライン川は，国際河川と言われ，北極海にも面した EU の港ロッテルダム
　もあるという地理的条件も影響している。輸出の約4分の3は，関税がな
　い EU 加盟国への輸出である。隣のドイツへの輸出は26%を占めている。
　EU は域内関税がないので，思い切った専業化ができる。"交換"の意義を
　確認する。

　貿易は典型的な“交換”の事例である。

　チリのぶどう生産は世界9位だが，輸出量は世界1位で，世界の約20％を占めている（2013年度）。日本のワイン輸入量でチリは1位である。その理由は，日本とチリが「FTA」（自由貿易協定）により貿易自由化されていることによる。つまり，関税がかからないので，大量のワインが輸入されている。2018年にはEUとの貿易協定も発足したので，今後はEU諸国からの輸入も増えそうである。

　メキシコの自動車生産が世界7位であるのは，「広大な工場の敷地がある」「アメリカ合衆国に近い」などの地理的条件もあるが，メキシコが約50ヵ国とFTAを締結しているからである。

　グローバリゼーションとは，貿易，投資，人，情報，技術の国境を越えた移動が活発になることである。しかし，2008年のリーマンショック，2020年の新型コロナパンデミック，2022年のロシアのウクライナへの侵攻を経て，世界は“縮み”志向へと変化している。

【参考文献】

・さくら剛『経済学なんて教科書だけでわかるか！ボケ‼…でも本当は知りたいかも。』（ダイヤモンド社）2019年

・松井彰彦『市場って何だろう』（筑摩書房）2018年

・「サンコーインダストリー（株）」パンフレット

・『地理統計2019年版』（帝国書院）

マスクが韓国料理店で
販売されていたワケ

1 100万人が受けたくなる！ ウソ・ホント？ 授業のねらい

　コロナ禍，ドラッグストアにはマスクが販売されていないのに，街の韓国料理店などでは販売されていた。なぜだろう？　また，その店のマスクは，しばらくすると価格が安くなっていた。「街のマスク」から「市場メカニズム」の見方・考え方を学ぶ。

2 学びを深める！ 教材研究の切り口

　「市場」や「価格」の授業は，「需要」「供給」など概念から学ぶのではなく，「日常生活から概念へ」という流れの方がわかりやすい。そのためには，「日常」の経済の動きを常に注視しておくことだ。本稿では，「韓国料理店」のマスク販売を切り口に価格変動のしくみを考える。

3 対話を引き出す！ 探究的な授業展開プラン

❶　韓国料理店のマスク

コロナ禍でマスクが不足していた。ドラッグストアでは「マスクは販売しておりません」との表示。しかし，近く（大阪府八尾市）の韓国料理店では販売されていた（価格は10枚600円）。

😊 **考えよう**

　ドラッグストアでマスクが品薄なのに，なぜ，マスクとは関係のない店で販売されているのか？

S：どこかから別ルートで購入し販売している。

S：高い値段で販売しているのでは……。

S：中国から輸入されてるって聞いたことがある。

T：中国ではいろいろな企業がマスク生産に参入している。その企業が日本のいろいろなお店に販売を依頼したってことだね。

S：1枚60円って高くない？　　S：みんなが欲しいから？

T：みんなが買いたいと思う量を何というのか？

S：需要。

T：売りたい量は？

S：供給。

T：マスクは需要と供給のどちらが多いの？

S：このときは需要が多い。

T：だから価格は高くなります。

＊当時，不綿布の価格は1枚あたり仕入れ値25〜35円，輸入卸値40〜50円，そして，小売値は60〜80円になる。韓国料理店の販売価格は妥当だ。輸送航空機は順番待ち状態で，発注から到着まで7〜10日かかっていた。

❷ なぜスーパーやドラッグストアでは販売されていなかったのか

ペアワーク

スーパーやドラッグストアにマスクが販売されていなかったのはなぜか？

S：中国からの業者がもってこない。

S：国内のドラッグストアはプライドが許さないのでは？

S：プライドって？

S：だれがつくったかわからないようなマスクを売ると信用をなくす。

T：品質がよく，しかも安価なマスクを"売り"にしていたブランド力のある大手小売店は手を出しにくい現状がある。

S：なるほど！　ドラッグストアは安いってイメージを壊してしまうからか。

T：シャープがマスク生産に参入し，2019年4月27日時点，50枚入り2980円（税，送料別）で販売していました。

S：一枚70円くらい？

T：近くの店とシャープのマスク，どちらを購入しますか？

S：少々高くても安心できるシャープかな？

S：マスクだから60円の安いほうを買う。

S：近くですぐ買えるから。

T：今後，生産業者や輸入業者間の競争で安くなっていくでしょうね。これを市場メカニズムと言います。需要（買い注文）と供給（売り注文）の関係で価格が決まるしくみのことです。

❸ 10枚600円から500円へ

> 数日後「韓国料理店」を訪れると「10枚600円」のマスクが「10枚500円」と安くなっていた。なぜか？　次の「八尾市民の皆様へ」のチラシから考えよう。

マスク優先購入券　　　薬局で八尾市民向けに販売されているマスク

S：50枚2690円って書いてあるよ。

S：1枚50円ちょっとか。

S：このチラシを見て韓国料理店が，値段を下げたのかな？

S：だって1枚60円だったら買ってくれないから。

S：人は，安いものやいいものを買うようになるんだ。

S：価格ってシグナルなんだ。

＊価格には，何をどれだけ生産・消費するかにかかわって，人的・物的資源を効率よく配分する働きがあることがわかる。価格は「シグナル」である。

4 授業のふり返りと探究・対話のポイント

　「コロナ禍」のマスクの販売価格の推移は，「市場メカニズム」を教える格好の教材である。現在，我が家では66枚入りで500円弱のものを使用している。なぜ安くなったのかを考えさせたい。

【参考文献】
・『朝日新聞』2020年5月6日
・『週刊朝日』（朝日新聞出版）2020年5月10日号

どうして値上がりするの？

1 100万人が受けたくなる！　ウソ・ホント？　授業のねらい

　30年間続いたデフレ時代から，2022年には異次元の物価高が続き，悲鳴と不安のインフレがやってきた。インフレには大きく「コストプッシュ・インフレ」と「デマンドプル・インフレ」がある。「コストプッシュ・インフレ」は，要因が供給の減少にある場合であり「デマンドプル・インフレ」は，需要の増大にある場合である。

2 学びを深める！　教材研究の切り口

　日本は，低賃金と低物価のデフレ状況が続いたが，2022年はロシアのウクライナへの侵攻などによるエネルギーや小麦の高騰，円安による輸入品の高騰により「インフレ（物価高）」になった。ドーナツ，ハンバーガー，カップ麺なども値上がりしている。なぜ値上がりするのか？　その要因を考える。

3 対話を引き出す！　探究的な授業展開プラン

❶　値上げラッシュ

😀 グループ討議

　最近，値上げラッシュが続くよね。「この値上げは困った」というモノ，コトを交流しよう。

S：パンの値上がりがキツイ。　　S：ミニあんぱんは個数が減ったよね。

S：コロッケもよくスーパーで買うから高くなったと思う。

S：カップ麺もよく食べるからキツイ。

S：食べ物以外は？　　S：母親が暖房用の灯油が高いって言ってた。

S：クルマのガソリンも上がったよね。

S：電気・ガス代も値上がり，レストランの食事もたいへん。

S：ドーナツをよく食べるから値上がりはたいへん。

S：小麦や油の値上がりが影響しているかな？

S：ハンバーガーも上がっているよね。

S：パンに使う小麦，ポテトを揚げる油も値上がりしているからね。

*この2022年1月〜2023年1月の1年間で値上がりした特徴的な食品を示す
（（　　）は前年同月比の値上がり率。手前の数字は順位。『AERA』2023
年2月20日号より）。

1	食用油（40.9）	／4	さば（28.2）	／8	マヨネーズ（25.4）
10	チーズ（22.2）	／14	小麦粉（19.9）	／19	スパゲッティ（19.0）
20	外食ドーナツ（18.3）	／21	ハンバーグ（18.2）		
22	ポテトチップス（18.0）	／23	外食ハンバーガー（17.8）		
39	アンパン，コロッケ（14.1）				など

❷　なぜ値上がりラッシュなのか？

😊 考えよう

なぜ，こんなに異次元と言われる値上がりが続くのだろうか。

S：ウクライナ侵攻によって，ロシアからの小麦が輸入できなくなったのが
大きいのでは。

S：ウクライナからの小麦も輸入しにくくなっているのでは？

T：侵攻による影響が大きいよね。

S：石油や天然ガスのエネルギー資源も同じだ。

T：値上がりの要因は，戦争による供給不足だけかな。

S：輸入品がみんな高くなっている。

S：ハンバーガーに使う牛肉とか。

T：この要因は2023年から急激に進んだ円安が原因だね。

S：侵攻と円安のダブルパンチなんだ。

❸　２つのインフレ

グループ討議

> インフレには，「コストプッシュ・インフレ」と「デマンドプル・インフレ」がある。「コストプッシュ・インフレ」は，要因が供給の減少にある場合であり「デマンドプル・インフレ」は，需要の増大にある場合である。次の値上がりを分類しよう。
>
> 　ア　暖房費／イ　ガソリン代／ウ　電車運賃／エ　鮮魚／オ　パン
> 　カ　外食／キ　ディズニーランド／ク　マンション

S：コストプッシュ・インフレはウクライナ侵攻で，ロシアが小麦などを輸出しないことで供給が減ることによるインフレだね。

S：ガソリン代などが典型だ。　　　　S：円安も絡んでいるね。

S：ダブルだから異次元と言われるんだ。　　　S：暖房費。

S：小麦を原料につくるパンも。　　　S：外食。

S：コロナ禍の巣ごもりで需要が減少したが，値下がりはしなかったね。

S：だって，コロナ禍では価格に関係なく外食そのものができないからね。

S：外食は暖房費やガス代が値上がりしたから，ダブル・コストプッシュ・インフレだ。

S：デマンドプル・インフレってあるかな？　　　S：ディズニーランドは？

S：みんなが行きたいから値上げしてもお客さんは来る。

S：電気代や暖房費も値上がりしているから，コストプッシュ・インフレで

もある。

S：マンションも値上がりしているの？

S：これは駅近のマンションが人気だからコストプッシュ・インフレでは。
　グループの回答は以下である。

「コストプッシュ・インフレ」ア／イ／ウ／エ／オ／カ

「デマンドプル・インフレ」キ／ク

＊「コストプッシュ・インフレ」の例として，ウクライナ侵攻でのロシアに
　よる輸出制限や凶作による食料価格の上昇，自然災害による供給設備の破
　壊よる物価上昇などがある。

＊「デマンドプル・インフレ」の例として，需要過剰になると，労働力不足
　になるので，企業は労働者を確保するために賃金を引き上げる。その結果，
　所得が増加すると，労働者は消費を増やすので需要はさらに増える。こう
　して物価は上昇し続ける。

＊ヨーロッパ諸国のインフレは国内政治を不安定化させている。ウクライナ
　侵攻による天然ガスの供給制限によるコストプッシュ・インフレである。
　また，日本同様，アメリカの利上げによるユーロ安は物価の上昇をもたら
　す。

❹　「！」値下がりしているモノもあるの？

❖ ペアワーク

　　物価高だが，値下がりしたり，上げ幅が小さいモノもある。何だろ
　う。

S：ええ，そんなモノってあるの？　　S：シャーペンとか？

S：国内産の農作物だ。　　S：たまねぎとかトマトなどかな？

S：果物もだね。　　S：リンゴとか，みかん。

S：国産肉牛は？　　S：円安の影響を受けないからいいんじゃない？

＊値下がりの食料品ベスト5は，「たまねぎ」「柿」「じゃがいも」「リンゴ」

「レンコン」である（『AERA』2023年2月20日号）。たまねぎとじゃがいもは値下がりしており，米も安定しているので，カレーライスはややお得感がある。ただし，ガス代は値上がりしている。通常は高価格の国産ワインも，筆者にとってはねらい目だ。

❺　ハイパーインフレ　〜第一次世界大戦後のドイツ〜

応用問題だ。第一次世界大戦の「奇妙」な事例について考える。

😀 **考えよう**

> 　第一次世界大戦後，ドイツではハイパーインフレになった。兄はまじめに働き貯金していたが，数年経つと貧乏に。弟は借金してはビールを保管し，毎日飲んでいたが大金持ちになった。なぜか？

T：兄の方から考えようか？　一生懸命，働いてお金をかせいで貯金をして，普通は裕福になるのにどうしてかな？

S：あまり利子がつかないからでは。

S：それでも，けっこう貯まるのでは？

S：ハイパーインフレだから，預金したお金の価値がなくなるのでは？

T：インフレとは，お金の価値が目減りして物価が上昇することを言います。つまり，兄の預金はタダ同然になったってことだね。それでは，なぜ弟は借金をしてはビールを何本も買って，飲んだくれなのに大金持ちになったのだろう。

S：インフレって，商品の価値が上がり貨幣の価値が下がることだよね。

S：ってことは，ビールの価格が上がるってことだ。

T：借りたお金は？

S：インフレによってたいした額ではなくなる。

S：借りたお金で買ったビールが値上がりし，そのビールを数本売るだけで，十分，借金を返済できる。

S：仕事をしなくても安く買ったビールを売るだけで大金持ちになれる。

＊教科書には第一次世界大戦後のドイツで「札束で遊ぶ子ども」の写真や，ハイパーインフレ下のジンバブエの「高額紙幣」などが掲載されている。補助資料として使用するとイメージが湧く。

4 授業のふり返りと探究・対話のポイント

　デフレーションについて確認しておく。日本は2000年以降，「低物価」「低所得」が長期にわたり続く。実質賃金が高かった1997年を100とすると，2019年の日本は90.6まで減少している。「賃金が安くても物価が安ければ十分生活できるのでは？」という子どもたちの疑問を切り口に授業を展開する。「価格が安くなると企業が儲からない」「企業が儲からないと働く人の賃金が上がらない」等。海外との関係では，「日本で働きたい人が減る」「海外企業の方が賃金が高く，日本から出て海外で働くようになる」等。日本への外国人労働者も変化している。過去においてはベトナム，中国，インドネシアが多かったが，最近は，現地の賃金が安いネパールなどが増加している。日本の地価も相対的に安いので，外国人に土地が買われている。スキーリゾート地，北海道のニセコや富士山麓などの観光地だ。京都のマンションは高価だが，中国や香港などで1棟買いをする個人や会社もある。また不況になると自殺者も増える。低所得や将来不安の影響もあり，結婚しない若者が増え，出生率も下がっている。

【参考文献】

・中藤玲『安いニッポン』（日本経済新聞出版）2021年

・中野剛志『世界インフレと戦争』（幻冬舎）2022年

・末松広之「食料価格高騰が止まらない」『潮』（潮出版社）2022年9月号

・『AERA』（朝日新聞出版）2023年2月20日号

なぜ映画館を国がつくらないのか？

1 100万人が受けたくなる！ ウソ・ホント？ 授業のねらい

国や地方公共団体が，私たちの生活をよくするために，どのような社会資本を整備しているかを考え，「公共財」に対する「見方・考え方」を学ぶ。

2 学びを深める！ 教材研究の切り口

大阪経済法科大学の光安美津子さん（当時2回生）の模擬授業から着想した。税金からの導入，そして，「非排除性」と「非競合性」という"概念"から「公共財」に対する見方・考え方を育成する授業だ。

3 対話を引き出す！ 探究的な授業展開プラン

❶ そんな税金はあるの？

税金を使ってつくられる道路や学校を「公共財」という。その財源である「税金」に関するクイズだ。

> **ペアワーク**
>
> それぞれの税金の目的を考え，日本にあるのはどれか？
> 独身税／渋滞税／入湯税／ポテトチップス税／ホテル税／犬税

S：税金って，国民や市民から集めたお金で，何かをするんだよね。

S：独身税は，結婚する人が減っているからだよね。

S：でも，結婚しない自由があるんだから，憲法違反になるのでは。

S：渋滞税は，車の走行量を減らすため？

S：日本って何か事故があったり天候異変のときには渋滞するけど，そこまで常に渋滞はないよね。

S：入湯税はある。温泉旅行に行ったときに払う。

S：何に使うのかな？

S：温泉のある街を魅力的なものにするため？

S：温泉には川が付き物だから川の掃除や樹木の剪定とか？

S：ポテトチップス税はない（笑）

S：意図もよくわからない。

S：ホテル税？

S：聞いたことないよ。

S：家族で富士山に行ったけど税金は払っていないと思う。

S：犬税，笑うわ。

S：散歩で便とかしちゃうからかな？

S：役所の人が処分に行くからありそうな気もする。

　本グループは「入湯税」。　答えは「入湯税」「ホテル税」。

＊独身税：ブルガリアで1968〜1989年まで導入。少子化対策だったが，逆に合計特殊出生率が2.18から1.86に下がったため廃止された

　渋滞税：2003年２月からロンドン市内の一部の地域で実施

　入湯税：観光振興や観光施設，消防施設，鉱泉源などの整備

　ポテトチップス税：肥満対策として，以前ハンガリーで導入されていたが，EUでは往来が自由なので他国に購入に行く人もおり廃止された

　ホテル税：東京都内にあるホテル利用に課税し，税収を都の観光振興に

　犬税：昨今のペットブームの影響による犬のフン放置対策で2014年に泉佐野市が導入しようとしたが，徴税コストが高くなる等の理由で廃案。ドイツでは導入されている

❷ 映画館を税金でつくらないワケと公共財の定義

😊 考えよう

　　公共財には「道路」「公園」「橋」などがあるが，「映画館」を税金でつくらないのはなぜか？

S：映画に興味のない人もいるから不平等。

S：テレビドラマで十分という人もいる。

S：見に行く人は何回も行くが，行かない人はまるで行かない。

S：公共財は平等が基本だから，田舎にはつくれないので不平等になる。

S：人口の少ない所につくるとかなりの赤字が出て税金の無駄使いになる。

S：すべての人が映画を好きかどうかわからないので公的な税金を使えない。

T：いろいろ意見が出たね。ここから"公共財"とは何か定義しよう。

S：誰もが平等に使える。

S：この人はオッケー，あの人はダメというのは公共財ではない。

S：複数の人が自由に使える。　　S："自由と平等"が条件。

T：つまり"誰でも使用できる"という"非排除性"と，複数の人が同時に使用できるという"非競合性"が「公共財」の条件です。

＊「映画は欲望」であり，このような場合は税金を使わず，映画会社に供給をまかせる。つまり，「市場」原理だ。だが，金銭的に豊かな人は映画に何回も行けるが，貧しい人は行けなくなる。

❸ 「非排除性」と「非競合性」

😊 グループ討議

　　「公共財」の特徴は「非排除性」と「非競合性」がポイントだとわかった。この特徴から，「道路」「橋」「公園」「下水道」「学校」「体育館」「プール」が，それに当てはまるかどうか話し合おう。

S：道路，橋は2つの要件を充たしている。

S：公園は基本オッケーだけど，ゴルフや野球をやってたら占領されてしまう。

S：だから"公園ではサッカーをしないように"とか書いてある。

S：下水道はいいけど水道は？

S：水道は民間にまかせたら効率が悪く儲からない。

S：設備とかたいへんな割に利益が少ないのでは。

S：電力は民間がやってるね。

S：そうだ！　郵便も過去においては公共事業だった。

S：学校は，私立は誰でもというわけにはいかないよね。

S：私学は授業料も高いから公共財とは言えない。

S：体育館は公共財だけど，同じように運動するジムは公共財としてのもののほかに，民間が運営しているものもあるよ。

　「公共財」が必須のものと「民間」が参入しているものなど，多様な形態があることを確認する。

4 授業のふり返りと探究・対話のポイント

　「プール」を題材に「公共財」に対する見方・考え方を深める。「プールはレクリエーション的なところもあり民間のほうがいい」「学校の授業にあるから必要ではない」などの「民間派」。「高齢者が水泳によって健康的になり病気も少なくなる」「健康になると，国の医療費の支出が減る」などの「公共財派」。

　近年では，民間経営のノウハウを生かして効率化を図るため，体育館や図書館，浄水場などの施設の運営を民間に任せる動きが出ている。

【参考文献】
・大阪経済法科大学2回生（当時）の光安美津子さんの模擬授業
・河原和之『続・100万人が受けたい「中学地理」ウソ・ホント？授業』（明治図書）2017年

最低賃金は高い方がいいの？

1 100万人が受けたくなる！ ウソ・ホント？ 授業のねらい

　教科書では労働単元は「終身雇用から成果主義」と「非正規労働者」そして「新しい働き方」が記述されているが「最低賃金制」については大きく扱われていない。「最低賃金」を考察することは，経済をミクロとマクロの両面から考察する経済的な見方・考え方を育成する上で有効である。

2 学びを深める！ 教材研究の切り口

　労働経済学者の大竹文雄氏の著書から，最低賃金を再考してみた。「最低賃金は高い方がいい！」というのは万人の考えることで"素朴理論"とも言われる。最低賃金制を多面的・多角的に考察し，経済的な見方・考え方を育成する。

3 対話を引き出す！ 探究的な授業展開プラン

❶ 最低賃金の高い都道府県

ペアワーク

> 日本で最低賃金が高い都道府県ベスト３を考えよう。

　グループの回答は以下のようである。

A：東京／大阪／神奈川　　B：東京／大阪／愛知

C：東京／神奈川／大阪

T：正解はＣグループです。東京の最低賃金はいくらだろう（2022年）。

S：1000円。　　S：1200円。

T：1072円です。

S：大阪は？

T：1023円です。

S：神奈川は1050円くらいかな？

T：1071円です。

S：ほとんど違わないんだ。

T：以前，最低賃金に差があったときに，東京よりの神奈川に住んでいる人が地元ではなく東京にバイトに行くというケースもありました。

S：県境の生駒市に住んでいる人が東大阪に働きに行くこともありだね。

S：最低賃金の低いところは？

T：沖縄をはじめ九州地方の都道府県が853円です。

S：九州地方の最低賃金がほぼ同じというのも県境の住んでいる人が他県に働きに行かないようにするためかな。

T：なぜ地域によって最低賃金が異なるのか？

S：都会の方が生活に多くのお金が必要だから？

S：都会の方が物価が高いから？

T：日常生活もそうだけど，地価も高く，賃貸料やマンションの価格も高いよね。

❷　最低賃金は高い方がいいのか？

😀 考えよう

　　最低賃金は高い方がいいのか？　高い方がいいと思う人は挙手しよう。

数名以外はほぼ「高い方がいい」。理由を聞く。

S：高い方が多くの賃金をもらえるから当然いいのでは。

S：他の人の賃金も上がる。

S：高いと経営者が困るのでは？

T：労働者にはいいが，雇用者は困るってことだね。

S：よく考えるとメリットやデメリットもあるんだ。

😊 グループ討議

> メリット派，デメリット派に分かれて最低賃金が高くなることの是非を考えよう。

〈メリット〉

・自分の賃金が上がり生活が豊かになる

・比較的高い賃金を得ている人の賃金も上がる

・働く意欲がアップする

〈デメリット〉

・最低賃金よりちょっと多い賃金をもらっている人が同額になり不満をもつ

・最低賃金が上がると経営が成り立たない会社が出てくる

・会社によっては，最低賃金が支払えなくなり倒産する会社が出てくる

・人員整理などによって失業者が増える

・ギリギリで経営している会社は新規労働者を雇わない

＊ミクロからのアプローチが多いので，マクロからのメリット・デメリットについて紹介する。

　マクロ的には，メリットとして，最低賃金のアップは所得を増やし，消費を活性化させるので景気上昇に効果がある。また，将来物価が上がるという懸念から早めに消費することを選択させる（経済財政諮問会議より要約）。

　デメリットとしては，雇用にマイナスの影響を与え，格差対策としても有効ではないというものである。しかし，労働市場の競争度が低い地域では，最低賃金の上昇が雇用にマイナスの影響をもつ可能性は低いという研究もある。

❸ 終身雇用制と賃金

考えよう

　これまで日本は終身雇用制といって，いったん就職すると退職するまで働き続けるのが通例とされてきた。賃金と働き方の関係から考えよう。

S：会社もずっと働いてくれると思うと安心して賃金を上げない。

T：転職しないから安い賃金でも辞めないってことだね。

S：転職が自由だと，同じ仕事だったら他の会社に行くことができる。

T：つまり働く側が強くなるってことだね。労働者にとっては，就職での競争が激しいと賃金は安くなるよね。

S：団結が大事なんだ。

T：団結は賃金上昇の要だね。だから労働組合があるわけだ。

4 授業のふり返りと探究・対話のポイント

　「転職」の自由もキーワードだ。今の仕事を辞めて転職できる自由があると，劣悪な労働条件のときに既存の仕事を辞めやすくなる。それは，企業に対する労働者の交渉力を高めている。労働条件の悪い職場であっても，転職できなければ，労働者はそこで働き続けなくてはならない。労働組合の意義も考えさせたい。

【参考文献】

・大竹文雄『行動経済学の処方箋』（中央公論新社）2022年

他人事ではない貧困

1 100万人が受けたくなる！　ウソ・ホント？　授業のねらい

　貧困と社会保障について考える。7人に1人が貧困だと言われている。ひとり親家庭では2人に1人だ。その背景を多面的・多角的に考察することも大切だが，本稿では「貧困は誰にでも起こること」を実感し「自助」「共助」「公助」の観点から考える。

2 学びを深める！　教材研究の切り口

　雑誌，新聞には貧困のリアルな現実が掲載される。リアルな現実は「切実性」があり「当事者性」をもって考えることができる。ただし，クラスには多くの貧困家庭の生徒が在籍している可能性が高く，細かい配慮は不可欠だ。

3 対話を引き出す！　探究的な授業展開プラン

❶　ある男性の人生

🗣 ペアワーク

　貧困になったある男性の半生のア〜ウにあてはまる言葉を考えよう。

18歳：A大学入学　　　　　　41歳：病気になり入院

22歳：B会社に就職　　　　　44歳：（　イ　）費増大

23歳：（　ア　）返済スタート　47歳：親に（　ウ　）が必要

30歳：業績不振で給料が低迷　54歳：投資に失敗

32歳：結婚・子ども誕生	60歳：退職
35歳：正社員から非正規へ	66歳：大病になり長期入院

S：アって，なんか借金していたのかな？

S：返済スタートだから，奨学金だわ。

S：イは入院していたから医療費とか？

S：健康保険に入ってたから，大丈夫では？

S：教育費では？　　S：子どもの塾や保育所などの費用だね。

S：それで投資してますますたいへんになる。

S：ウは親の介護だ。　　S：結婚相手が面倒をみるのかな？

S：この男の人が介護するというのもたいへんだし，誰がしても仕事ができ
なくなるケースがある。

　答え：ア　奨学金／イ　教育／ウ　介護

❷　何をすべきだったか？（自助）

😊 ペアワーク

　この男性の遍歴は，誰でも貧困になる可能性があることを示してい
る。どの時点で何をすべきだったか意見交流をしよう。

S：25歳の転職について真剣に考えるべき，辛抱が足りない。

S：昔は一生同じ仕事をするという時代だったが，今は仕事を変わる人も多
いのでは？

S：35歳，誰でも仕事への自信がなくなるときはある。苦しいときはある。
甘えてはいけない。

S：仕事はやめていないから頑張ったのでは？

S：出世することは諦めたってことかな？

S：42歳の病気のとき，生命保険に加入していれば心配ないのでは。

S：47歳の親の介護は多くの人が直面する課題。

S：55歳，この年齢で賭けはだめ。

S：投資って賭けなのかな？　　S：資金運用ってよく聞かない？

S：別にいいのでは？　　S：66歳，みんなこの頃は病気するのでは？

S：若い頃から食べ物や運動で健康管理をすべきかな？

　いくつかのグループに発表させる。

　本グループは「この人に何か問題があるわけではない。強いて言えば，仕事に対する自信喪失は誰にでもあること。ここで頑張るべきだった。病気が多いが，若い頃からの健康管理が必要」。

❸　行政がやるべきことは？（公助）

👥 グループ討議

　この男性の貧困に対して，行政ができること，また，すべきことを考えよう。

S：大学生の奨学金がけっこう負担になるから所得によっては免除も考える。

S：出産や子育てはたいへん。出産祝い金の給付や保育所無料も必要。

S：教育支援を充実させる。大学進学率は60％を超える時代だし援助も必要。

S：でも，大学に行く人と行かない人では不平等になるのでは。

S：介護の負担がかなりある。ヤングケアラーも問題になっている。

S：日本の賃金が安すぎる。　　S：それはその通り。

S：行政だから最低賃金をアップすることかな。

　本グループは「保育も含めた子どもへの支援と親の介護に対する援助」。

❹　こぼれる支援　～困窮学生のケース～

👥 グループ討議

　Bさんは19歳の大学生だ。以下の生活から最後の砦である生活保護の援助を受けることはできるのだろうか？

新型コロナが猛威をふるい始めた2020年春，女性は大学に入学した。同時に故郷のシングルマザーの母親の元を離れた。母親は生活保護を受けている状態で，家賃も生活費も自分の手で稼がないといけない。女性は大学が終われば塾かキャバクラにバイト。多いときには，3つのバイトをかけ持ちし，週7日働いたこともある。……大学2年生になった21年，158㎝ある身体は36kgしかなくなっていた。大学は休学した。

（『朝日新聞』2023年2月3日より要約）

S：うわ！　たいへん。　　S：お母さんも生活保護なんだ。
S：大学生は生活保護はもらえないのか？
S：義務教育じゃないからかな？　　　S：贅沢だってことだね。
S：でも今は60％以上の人が大学進学するんじゃないの？
S：奨学金は？　　S：このお金は学費に使われるのでは？
S：お金がないと大学に行けないっていうのはおかしくない？
＊厚生労働省は，退学か休学をしなければ大学生の生活保護を認めない。一般世帯でも高校卒業後に就職する人や自分で学費を稼ぎながら大学に通う人もいて，大学進学を「最低限の生活水準とは言えない」と言う。

4 授業のふり返りと探究・対話のポイント

「親ガチャ」の影響が大学生にも及んでいる。Bさんが，実家の援助がある境遇なら，違った大学生活だっただろう。子どもは生まれる家は選べない。大学生を生活苦から守る仕組みは弱い。中学生にも考えさせたい課題である。

【参考文献】
・『SPA！』（扶桑社）2014年12月30日
・『朝日新聞』2022年1月8日／2023年2月3日

サバ缶，インスタント麺から考える CSR

1 100万人が受けたくなる！　ウソ・ホント？　授業のねらい

　アフリカ大陸の近年の人口増加率は，2050年には倍増して25億人に，2100年には44億人にもなると言われている。だが，感染症をはじめ天候異変や政情不安による食料不足などの課題を抱えている。企業はアフリカに市場を求めて進出しようとしているが，単に市場としての地域ではなく，企業の社会的責任（CSR）を踏まえた進出が不可欠だ。過去において，日本やインドネシアの企業により，アフリカの現状を踏まえた，CSR を意識した市場開発が行われた事例がある。このことから，CSR の在り方について考える。

2 学びを深める！　教材研究の切り口

　立命館大学2回生（当時）の出浦優さんの模擬授業で，ナイジェリアに進出した日本のサバ缶と，インドネシアのインスタント麺の事例が紹介された。このネタを切り口に構成した授業である。

3 対話を引き出す！　探究的な授業展開プラン

❶　サバ缶とツナ缶

　『サバ缶とツナ缶どちらが好みか？』と問い挙手させる。圧倒的に「ツナ缶」が多い。理由は「サバは生臭い」という返答。生産量は「サバ缶」が多い。「サバ缶」は，2016年まで水産缶詰でずっと1位だった「ツナ缶」を抜き水産缶詰の王様になっている。また，価格も2018年頃から上昇しており，

116

100円を切っていたのが150円を越えている。

❷ サバの輸出入

😀 考えよう

サバ缶の原料であるサバは日本でも捕獲される。サバは輸入もされ輸出もされる魚種である。どちらの方が多いか？

S：えっ！　それっておかしくない？

S：輸出するくらいなら輸入しなければいいのに。

S：輸出も輸入も同じくらいでは？

T：18年の統計によると，輸入は約7万t，輸出は約25万tと輸出量が圧倒しています。

S：ビックリ！　　　S：それなら輸入しなくてもいいのでは？

T：ノルウェーから87％を輸入しています。

S：安いからかな？

＊1980年代，日本国内では乱獲でサバが不足し，急遽，ノルウェーからの輸入で補った。その後，ノルウェーでサバに最も脂がのり，高値で売れる9〜10月の時期に輸入が集中するようになった。

❸ サバの輸出，どの地域が多いか？

😀 グループ討議

日本のサバの輸出はどの地域が多いか？

S：南極は絶対ない（笑）

S：ヨーロッパはノルウェーから輸入するのでは？

S：でもノルウェーはEUに入ってない。

S：だけど近くにあるから輸送費が安くなる。

S：日本からだと東南アジアあたりかな？

S：東南アジアでもサバが獲れるのでは？

S：タイなどは屋台でサバ缶をあてにお酒を飲んでそう。

＊輸出先の上位はアフリカのナイジェリアが28％のシェアでエジプト，ガーナで約50％を占めている。ベトナム，タイなど東南アジアも多い。

❹　ナイジェリア，ガーナとサバ缶

　アフリカ諸国は，ヨーロッパ諸国の植民地時代，宗主国のために，特定の産物を製造するモノカルチャー経済だった。ナイジェリアは面積も広く，人口が多く，食糧不足や経済危機に見舞われた。

> 😀 考えよう
>
> 　1950年代，日本の缶詰商社に勤めていたイギリスの駐在員がサバ缶をガーナで販売しようと思った。なぜだろう？

S：食料不足がポイントだと思う。

S：アフリカって暑いイメージだから，腐らない缶詰がよく売れるとか？

S：食料不足を救う。

T：サバを食べる国で，缶詰にすれば飢餓をなくせると思い販売しました。
　　パワポでサバ缶を提示する。

T：商品名は何かな？

S：ゲイシャ？　　　S：芸者だ。

S：いかにも日本ぽい。

T：「GEISHA」だが，缶詰がなかったガーナで大ヒットし，魚を食べる習慣のあったナイジェリアでもヒット商品になった。

S：へっ！　缶詰って腐らないから飢餓に強い。

S：販売だけではなく，社会貢献にもつながっているんだ。

T：ナイジェリアへのサバの輸出が多い背景には，このような歴史的背景があることを知っておいてください。

❺　即席麺「インドミー」

ナイジェリアで販売されているインドネシアの即席麺を提示する。

😊 **考えよう**

> 写真（略）は，「米やパンよりも健康的な食品」というキャッチコピーで，ナイジェリアで普及している即席麺だ。缶詰とインスタント麺の共通点は？

S：簡単に食べられる。　　S：時間の短縮になる。

S：腐らないから，飢餓や食料不足のときに役立つ。

T：保存がきき，干ばつや天候異変が多いナイジェリアでは重宝される。

S：これも日本なの？

T：インドネシアの即席麺で，ナイジェリアでは即席麺といえば，"インドミー"というほどの知名度です。

4　授業のふり返りと探究・対話のポイント

　缶詰，即席麺は天候，政情そして経済が不安定なアフリカ諸国にとっては不可欠な食品である。ナイジェリアへの缶詰，即席麺の市場開拓は，これからのアフリカへの企業進出のヒントにもなる。「アフリカにどんな商品を販売するか」というパフォーマンス課題を考えさせるのもいい。

【参考文献】

・山田稔「西アフリカで人気沸騰中の『GEISHA』缶の正体」（東洋経済オンライン）2020年
　3月13日

・立命館大学2回生（当時）出浦優さんの模擬授業

防災・コロナ対策とナッジ

1 100万人が受けたくなる！　ウソ・ホント？　授業のねらい

　社会科は，民主的な国家・社会を発展させるために，社会の在り方を研究し，よりよい社会をつくっていく教科である。本稿では，"ナッジ"を中心とした行動経済学の知見や考え方を活用し，社会問題を解決する授業とその限界性について考察する。

2 学びを深める！　教材研究の切り口

　コンビニに行くと"矢印"があり，買い物客は，整然と並んでいる。ちょっとした工夫で，買い物がしやすくなった事例である。行動経済学では「ナッジ」と言うが，英語で「相手を肘で軽くつつく」という意味である。すでに「日常」の一つになった行動経済学の「ナッジ」を授業に位置づける。

3 対話を引き出す！　探究的な授業展開プラン

❶　トイレの「印」と"ナッジ"

　右図のような男性トイレの「印」や，コンビニの整然と並べる「⇒表示」を導入とする。

＊図のように便器に虫のような印をはることで，トイレの汚れが減り清掃する時間が８割削減された。オランダのアムステルダムのスキポール空港で始められ世界に広がった事例である。

＊ "ナッジ" は，人それぞれの選択の自由は尊重した上で，選択肢を工夫することで，世の中をよくしようとすることである。

❷　災害時の避難と "ナッジ"

　災害が想定されるにもかかわらず，避難行動につながらないケースが多い。最も大きい要因は，「自分は大丈夫」という被害発生確率を過少に考える "正常性バイアス" に起因する。『災害時，避難警報が発令されたら，避難所に避難するか』と問うと「避難所は不便」「プライバシーが守られにくい」「移動に手間がかかる」等の理由で避難しないという生徒が多い。

🎵 ペアワーク

　　災害時に避難を喚起するための "ナッジ" を活用したメッセージを考えよう。

S：あなたに危険がせまっています。
S：避難することで，あなたの命が助かります。
S：多くの皆さんが避難されています。
＊ "ナッジ" 活用の事例を紹介する。
　・近隣の方は半数以上が避難しています（社会規範）
　・あなたが避難することで，他の人も避難します。人の命を救うことになります（利他性）
　・自宅に残りたい人は，万一のために身元が確認できるものを身につけてください（参照点）
　・避難場所に避難すれば食料や寝具を確保できます（利得局面）
　・食料や毛布は限りがあります。避難勧告が発令されたら避難ください（損出局面）
　本事例は自分の身を守る「自助」を促す事例である。しかし，防災教育では，個人の責務としての防災能力だけではなく，その前提である防災政策を分析，検討することが不可欠である。また，どんなに努力しても自助が難し

い人たちや高齢者を含めいろんな立場の人たちを包摂した「インクルーシブ防災」が必要とされる。つまり，災害に強い「地域共同体づくり」との関連で考察するのが社会科教育の役割である。

❸ コロナ感染拡大と"ナッジ"

2020年，ナッジの成否と社会規範が一国の命運にかかわる事態が起こった。新型コロナウイルスの感染拡大である。

💬 グループ討議

> 新型コロナ感染拡大で行った対策について交流しよう。

S：アベノマスクは必要なかったね。

S：確かに。

S：学校も休みになったよね。

S：最初の休みも必要なかったのでは。

S：外出制限は？

S：日本はそう厳しくなかったのでは。

S：外出しないように呼びかけて，多くの人々は従った。

S：中国やイギリスなどは都市封鎖してかなり厳しかった。

S：行動制限を守らない人には罰金も課せられたのでは。

S：休業要請は？

S：日本は休業補助金で対応したよね。

S：日本は，行動抑制を人々の気持ちに働きかけたというのが結論かな。

> 　日本では行動抑制を訴える上で，「ナッジ」の手法で，ネガティブよりポジティブなメッセージが使われた。次の事例で考えよう。
> 　　１：帰省をひかえる
> 　　２：外食はひかえる
> 　　３：飲み会をしない

S：１は今年の帰省はやめましょう？

S：それってネガティブじゃない？

S：オンラインでおばあちゃんと話しましょう，では。

S：２は，食事は自宅で。　　S：それはなかったような……。

S：マスク会食。　　S：よく言われているね。

S：でもネガティブじゃない？

S：う〜ん，ちょっとわからない。

S：３はネット飲み会をしましょう，だ。

S：そうだ！　かなりポジティブ。

S：でも父がまったくおもしろくないって言ってた。

S：母からも批判が多かった。

　回答：2020年４月22日「新型ウイルス感染症対策専門家会議の提言」より
　　　１：ビデオ通話でオンライン帰省
　　　２：飲食は持ち帰り宅配も
　　　３：飲み会はオンラインで

😊 **考えよう**

> 　先ほどの１〜３を参考に若者の外出規制について，どういうメッセージがあれば規制に従うか考えよう。

S：やっぱり罰金や禁止に弱いかな。

S：それは逆に反発するのでは？

S：地域の人たちが巡回する。

S：いっそう反発する。

T：よりよいポジティブなメッセージを考えてほしいのですが……。

S：この機会を利用して読書をしましょう。

S：いいけど！　本を読むかな？

S：この時期こそスマホゲームをしましょう（笑）

S：ポジティブだけどマイナスなことも多いからそんな発信はない。

S：あなたは大丈夫でもおじいさんやおばあさんが重症化しますよ。

T：いいね。こんな感じかな？　「あなたの行動は高齢者を救います」。

　回答：前出「提言」より

　「全国の若者のみなさんへのお願い」

　　　若者世代は，新型ウィルス感染による重症化リスクは低いです。でも，このウイルスのせいで，こうした症状の軽い人が，重症化するリスクの高い人に感染を広めてしまう可能性があります。皆さんが，人が集まる風通しが悪い場所を避けるだけで，多くの人々の重症化を食い止め，命を救えます。

＊自分の命を守れるからという利己的利益ではなく，「人の命を守る」という利他性を強調して三密回避への誘導を図っている。行動経済学の見地からは，社会規範から外れた人と見られないような行動を選び，利己的と見られたくないというのが，人の特性であるとされる。さらに，こうした利他的な行動が社会規範になれば，利己的なヒトの行動を変容させることができ，利他的な社会規範が成立し，地球環境問題や食品ロスなどの社会問題の解決につながる。

　マスクの着用や三密回避などにあたっては，それを是とする社会規範形成のためにナッジが有効であることがわかる。だが，我々もコロナ禍で経験したように，社会規範はいずれ緩んでくる。ナッジ的な働きかけで生まれた時間を有効に活用して，医療体制や学校のICT環境などの整備にあてることが重要である。また，授業実践での活用については，慎重な扱いが不可欠である。「環境問題」など社会の構造に起因する問題は，個人レベルで簡単に解決できるものではなく，社会の根底にある事象を分析し価値判断する授業が不可欠だ。従って，ナッジ（行動経済学）の知見や考え方を，単元のどの箇所でどのように扱うのか，その検証が必要である。

【参考文献】

・翁邦雄『人の心に働きかける経済政策』（岩波書店）2022年

・大竹文雄他「豪雨災害時の早期避難促進ナッジ」（経済産業研究所）

・紙田路子「市民的資質・能力を育成する防災教育の在り方」『社会系教科教育学研究　第33号』

・『朝日新聞』2022年1月13日

台湾は国なの？

1 100万人が受けたくなる！　ウソ・ホント？　授業のねらい

　ウクライナへのロシア侵攻以降「台湾有事」もよく話題となる。「台湾」は一つの国なのか？　それとも「中国」の一つの「地域」なのか？　中国の台湾に対する認識を，「主権国家」とは何かということから考察する。

2 学びを深める！　教材研究の切り口

　「台湾」を一つの国家と思っている生徒が多い。しかし，日本の地図帳で確認すると，赤字（国名）ではなく黒字で表記されている。「国際社会はどう考えているのか？」「なぜ，台湾は中国と分かれたのか？」「首都と思っている台北は何か？」「日本と国交がなければ大使館はあるのか？」等の疑問を取りあげ，国家について考える。

3 対話を引き出す！　探究的な授業展開プラン

❶　世界の国々

🏃 ペアワーク

> 　世界にはいくつの国があるのだろう？

S：ええ，いきなり？　　S：教科書に書いてあるのでは？

S：世界には190余りの国がありますって書いてある。

S：なんか，曖昧。　　S：「余り」だから193ヵ国でいいんじゃない？

190～196ヵ国に分かれる。

😊 **考えよう**

> なぜ，世界の国の数は，曖昧で特定できないのだろう？

S：国によって承認している国が異なるから。

S：ロシアにとって，ウクライナは国ではなく属国と考えている。

T：いきなり，いい意見ですね。同様の事例は？

S：韓国は北朝鮮を国として認めていないのでは？

S：中国の台湾に対する考えも同じだ。

T：ウクライナ東部のハリコフやルハンシクもロシアは共和国だと言っていますが国際社会は国としては認めていませんね。

S：それぞれの国々が自分に都合のいいように国かどうかを決めているんだ。

T：日本の外務省の見解では196ヵ国です。

S：日本でもそんなことがあるのですか？

T：南太平洋にニウエという島国があります。人口は約1800人です（2020年）。1974年にニュージーランドから独立しましたが，日本政府が国として承認したのは2015年でした。

＊主権国家とは，それぞれの領域の中で，他の国が侵すことのできない最高の権力であり，他国から支配されたり，干渉されたりしない（内政不干渉）ことを意味している。また，主権に加えて，国民，領域を合わせた三つの要素から成り立っていることを確認する。

❷ 台湾という国？

　1912年，辛亥革命により中華民国が誕生した。その後，中国国内では，国民党と共産党が対立する時代が続き，1949年に中国大陸は共産党に制圧され，国民党政権は台湾島に脱出した。こうして「中華人民共和国」と「台湾」が誕生する。

日本は台湾を国として認めているのだろうか？

S：ええ，認めているのでは？　　S：台湾旅行に行くとか言わない？

S：首都は台北では？

T：地図帳で台湾を確認しましょう。

S：ええ，赤字（国名）じゃなく黒字で書かれている。

T：中華人民共和国から見た台湾は，国の「一地域」ということです。

S：台湾の人たちはどう思っているのかな？

T：それはいろいろだね。独立しようと思っている人，台湾人だと思っている人，独立は中国とのトラブルがあるからよくないと距離を置く人などだ。

S：国際社会は？

T：どう思う？

S：中華人民共和国を中国の代表としている。

S：国際連合でもそうなのでは？

T：戦後すぐは台湾が国連でも代表だった。

S：いつから代表が変わったの？

T：国連では1971年から。そして，1972年のアメリカの中華人民共和国訪問，日本とは日中共同声明で「正当な国」が変わった。

S：でも日本人は台湾に観光に行くのでは？

T：台湾には日本の大使館はありませんが，外交の窓口は設けています。

S：ええ！　国際社会も中華人民共和国が「正当な国」なんだ。

S：中国が台湾を合併することにも「正当性」があるんだ。

❸　中華人民共和国と台湾

　2022年2月のロシアのウクライナ侵攻から，中国が台湾へ侵攻するのではと，日本，アメリカ，韓国をはじめ世界では懸念されている。中国は，香港に対して「力」によって「一国二制度」を破棄した先例がある。近接する日

本にとっては注視しなくてはならない問題である。

🌀 ペアワーク

> 「台湾側」「中国側」「国際社会側」のそれぞれの立場に分かれ，中国の台湾併合について話し合おう。

中：軍事によって無理やりに併合する気はありません。一国二制度で併合します。

台：香港にもそう言って二制度ではなくなったから信じられない。

国：台湾は現状に不満がないのだから，今のままでいいのでは。

中：もともとは同じ国なのだから同じ国になろうという人もいる。

国：でもずっと以前から共産党と国民党で対立していたのでは？　中国は最近，どんどん圧力を強めているように思う。

中：それは，アメリカや日本が軍事的な合同演習をしたりするからでは？

　オープンエンドで授業を終える。中国，台湾のそれぞれの立場の違いや折り合える地点を考えることが目的だ。

4　授業のふり返りと探究・対話のポイント

　2000年に中国は「統一後，台湾は大陸と異なる制度をとり，高度の自治を行うことができる」と定めた。だが，2019年に香港で起こった事態により，こうした中国と国際社会との約束への疑問が出ている。

【参考文献】

・角田陽一郎『人生が変わるすごい「地理」』(KADOKAWA) 2019年

・恒川惠市『新興国は世界を変えるか』(中央公論新社) 2023年

"義侠心" 会社のすごい取り組み

1 100万人が受けたくなる！　ウソ・ホント？　授業のねらい

　日本の「ODA」の在り方や「外国人技能実習生」への待遇，中国の海外援助の方法など，外国との付き合い方が議論になり，いろんな問題点も指摘されている。今から30年前のある地方の「義侠心」オヤジの取り組みから，国際貢献や開発途上国への援助や自立について考える。

2 学びを深める！　教材研究の切り口

　2023年1月，街の本屋で雑誌『Wedge』の特集が目にとまった。「農業に多様性を！」との表紙。農業の新たな挑戦について紹介してあり，農業単元に使えるのではないかと購入した。本雑誌には「拝啓オヤジ」という相米周二氏のコラムが掲載されている。以下に授業化した内容の「義侠心」オヤジの物語だ。わずか1ページだが，ここに，国際貢献の在り方や企業のCSRのあるべき姿が凝縮されていた。しかも一人称の記述だ。なかなか"ヤル"オヤジだが，街の本屋に雑誌『Wedge』とは……これもなかなかだ。

3 対話を引き出す！　探究的な授業展開プラン

❶ 「義侠心」オヤジ

　75歳のオヤジと48歳の息子の経営する，水道・土木工事会社の応接室には「義侠心」と書かれた額が掲げてある。爺ちゃんが創業し80年になるそうだ。「義侠心」の額は，貧困家庭の次男や三男坊，手に負えない青年などに技術

を教え，自立した大人になって社会に貢献，弱者に手を差し延べる優しい気持ちをもってもらおうと掲げられている。田舎町にあり，社員は60人ほどで公共工事や災害復旧工事などの仕事をしている。

🗣 ペアワーク

　このオヤジが東南アジアの途上国ですごいことをする。どんなことをしたか交流しよう。

S：土木工事だから，貧しい人の家の建設とか？

S：水道工事では？　水がなければ生活できないから。

S：毎日，学校に行く前に，子どもたちが水汲みに行くって聞いたことがある。

S：井戸をつくってもらうと現地の人が助かる。

S：道路をつくると農業や通勤にも便利になるよ。

S：やっぱり生活するには井戸がいちばんベスト。

S：子どもたちも勉強や遊びができるからね。

❷　奮起するオヤジ

😊 考えよう

　オヤジは，今から30年前，青年海外協力隊の元隊員による講演会で，飲み水に困った村の実態を知ることになった。どんな話だろう。

S：水をめぐるトラブルが起こっている。

S：井戸がなく遠くにある川まで水を汲みに行かなくてはならない。

T：誰が水汲みをしているのかな？

S：子ども？

S：学校に行く前の早朝から汲み取りに行くのかな？

T：飲み水に困った子どもたちが数時間かけて川まで水汲みに行く話に衝撃を受けました。

S：それで現地に行って井戸を掘るとか？

T：ある村での井戸掘りだけではなく，川から村まで水道を引く工事を1ヵ月かけて完成させたんだ。

S：へっ！　すごい！　「義侠心」だ！

＊村から感謝されるのはもちろんだが，村長から，土木・水道工事の技術を教えてくれないかとの依頼も行われた。

❸　教育と技術が村を変える

考えよう

> 村長から「土木・水道工事の技術を教えてくれないか」との依頼を受けたオヤジはどうしたのだろう。

S：もちろんYESでは。

S：村だけではなく国全体に工事方法や技術が広まっていった。

S：会社を日本からこの村に移転させて商売よりボランティアをするようになった。

S：そこまでは無理では？

T：日本に数名の青年を連れて帰り日本で教育することになった。

S：へっ！　日本なんだ。賃金や生活は？

T：日本人と同額の賃金だよ。

S：けっこう多いのでは？

T：1ヵ月の給料は，彼らの国の年収とほぼ同額だった。生活費以外は母国の家族に送金した。

S：生活も豊かになるし，技術も身につくよね。

T：オヤジは日本語と基本的な土木・水道工事の技術を青年たちに教えた。

❹ これはすごい！　オヤジ

👥 グループ討議

> このオヤジのすごいところは何だろう？　話し合おう。

S：自分が工事をすることもすごいが，村の青年にその技術を教えようとした。

S：教えられた青年が，その技術を伝えていく。

S：その村だけではなく他の村にも技術が伝わり，川から水を運ぶ子どもがいなくなる。

S：オヤジのやっていることはボランティア活動ではなく，自力で村を変えていくことになる。

S：その仕事によって裕福になるだけでなく，みんなのためになる。

S："自立"できる支援かな？　　S：いいこと言うね。

＊母国に帰国した元社員には，資本金を与えて独立させ，今では8社がインフラを担う企業として活躍している。

4 授業のふり返りと探究・対話のポイント

　このオヤジから1980年代，アフガニスタンへ渡り，診療所を開設した中村哲さんを思い出した。アフガニスタン国内10ヵ所に診療所を開設し，ハンセン病患者や難民を救援していた。残念ながら，2019年12月に，アフガニスタンの武装勢力の銃弾に倒れお亡くなりになった。

　中村さんは，清潔な水がなくコレラなどの感染症に苦しむ人々のため，井戸や灌漑（かんがい）設備の設置にも力を入れた。中村哲さんの業績とこのオヤジを重ねた授業から，援助の在り方について深めることが可能だ。

【参考文献】

・相米周二「拝啓オヤジ」『Wedge』2023年1月号

「終末時計」と「核共有」から核兵器について考える

1 100万人が受けたくなる！ ウソ・ホント？ 授業のねらい

　広島が「最初の被爆地」という事実により永遠に歴史に記されたとすれば，長崎が「最後の被爆地」として歴史に刻まれ続けるかどうかは，私たちがつくっていく未来によって決まる。その未来が，北朝鮮の「核による挑発」や，ウクライナ侵攻以降のロシアの「核による恫喝」によって，危惧される事態となっている。核兵器をめぐる状況を「終末時計」を軸に考える。

2 学びを深める！ 教材研究の切り口

　2023年1月，アメリカの科学誌は「人類最後の日」までの残り時間を示す「終末時計」について，最も短い「残り1分30秒」と発表した。「終末時計」は，1947年「残り7分」からはじまり，1991年の「17分」をピークに，針は進んでいる。「針の変化」から「核兵器」をめぐる世界情勢や核軍縮を学び，現在，焦点となっている「核共有」について議論する。

3 対話を引き出す！ 探究的な授業展開プラン

　核兵器を保持しているINP条約に加盟するアメリカ，イギリス，フランス，中国，ロシアの国と，加盟していないインド，パキスタン，北朝鮮，イスラエルの国の位置を確認する。核弾頭数は，ロシア（5975），アメリカ（5425），中国（350），フランス（290），パキスタン（165），インド（160），イスラエル（90），北朝鮮（40），である（2022年推定）。

❶ 終末時計　〜1947年〜

　最初の核兵器を発明した科学者たちが，人類の滅亡になぞり，残された時間を表示したのが「終末時計」だ。

> ✑ ペアワーク
>
> 　　終末時計が始まったのは1947年であるが，そのときは，残り「7分」だった。7分とした根拠を年表（略）から考えよう。

S：冷戦がはじまっているよ。

S：アメリカが対ソ連封じ込め政策を行っている。

S：47年にパリ講和会議は開かれ，米ソ対立の開始って書いてある。

S：48年には東西ドイツの分裂が決定的になる。

S：46年にソ連が千島・南樺太の領有宣言をしている。

S：米ソが対立し，東西ドイツの分裂する時代だったので7分前なんだ。

＊その後，1949年「3分」，1953年「2分」，1960年「7分」と推移する。中国革命，朝鮮戦争をはじめとする東西対立の影響により「針」は進む。

❷ 終末時計　〜1962年キューバ危機〜

　キューバ危機とは，アメリカのすぐ近くのカリブ海キューバで革命が起こった後，ソ連軍がキューバに駐屯してアメリカを狙ったミサイルを設置したことで，冷戦の緊張が，核戦争寸前まで達した状況のことだ。

> 💡 発問
>
> 　　アメリカの裏庭とされたキューバにソ連のミサイル基地をつくるってかなり危機的な状況だね。終末時計は何分前になったのだろう。

5分，4分……1分まで挙手させる。答えは「2分」。

> 終末時計が２分になった理由を交流しよう。

S：かなりヤバいってことだね。

S：だって，アメリカの近くにソ連寄りの国ができ，そこに基地をつくるってヤバくない？

S：アメリカがキューバの基地を攻撃したら第三次世界大戦になってたかも。

S：なぜソ連は，そんな挑発をしたのだろう。

S：今までアメリカの仲間だったキューバがソ連寄りになると攻撃されると考えたのでは。

＊当時のケネディ大統領によって，ソ連にミサイル撤去と基地の閉鎖を求め，ミサイルは合意のもとに撤去された。もし発射されていれば核兵器を用いた第三次世界大戦は不可避だった。

＊1963年は「12分」に「終末時計」の「針」は戻る。年表で確認する。部分的核実験禁止条約（大気圏，水中における核実験の禁止）を締結。その後，1972年「12分」まで，概ね「10分」前後で推移する。1968年「核拡散防止条約」（アメリカ・イギリス・ソ連の核保有国とそれ以外の非核国との間に結ばれた条約で，この３国とフランス，中国以外は核を保有しない条約）が締結される。

❸ 終末時計17分 ～1991年～

😊 考えよう

> 1947年以降，最も「終末時計」が戻ったのは1991年の「17分」である。年表や資料集をみて，なぜ「17分」なのか考えよう。

S：冷戦の崩壊では？　　　S：ソ連が崩壊して東西対立がなくなった。

S：ベルリンの壁が崩壊して東西ドイツが統一した。

T：1989年ですね。終末時計は1990年には「10分」になっています。また

1991年前後は米ソ間で「戦略兵器削減条約」が締結されています。

S：冷戦の崩壊だけではなく，核兵器を削減する動きもあったんだ。

❹ 2022年ウクライナ侵攻～

その後，1995年「14分」，1998年「9分」，2002年「7分」以降，「5分」「6分」「5分」「3分（2015年）」「2分30秒」「2分（2018年）」「1分40秒（2020年）」と「針」は進んでいる。パワーポイントでこの動きを表示する。2000年以降，核兵器使用の危機が進んでいると言える。

1998年，インド・パキスタンの核実験，2005年の北朝鮮の核保有がその背景にあることを年表で確認する。

ペアワーク

2022年2月に，ロシアがウクライナに侵攻した。また北朝鮮による核実験やミサイル発射もある。2022年の終末時計は？

S：ええ，何秒では？

S：北朝鮮がミサイルを何回も日本海に飛ばしている。

S：アメリカまで到着できるミサイルも開発している。

S：実際，ウクライナ侵攻が起こっている。

S：しかも，国連常任理事国のロシアだから，国連も打つ手がない。

S：プーチンも核の使用をほのめかしている。

S：NATO が経済制裁や武器援助しているからロシアと対立している。

S：ウクライナが抗戦しているから，ロシアが負けそうになったら核兵器を使うかも。

S：EU，アメリカ VS 中国，ロシアって感じだから，核兵器をもっている国々が対立している。

S：そう考えると，1分を切っているかも。

このグループは「60」秒。

＊2022年の「終末時計」は「90秒」である。

❺ 日本の核共有

日本の「非核三原則」を見直そうとする「核共有」問題について議論する。「核共有」とは，戦争になって実際に核使用する段階になり，軍事基地に配備された同盟国の爆弾機に核を搭載して出撃することをいう。ドイツ，イタリア，ベルギー，オランダ，トルコなどが「核共有」を行っている。

💡 発問

「ウクライナ侵攻」を受けて，日本はアメリカと「核共有」すべきとの意見がある。あなたはどう考えるか？

挙手させると「核共有」については半数ずつに分かれる。賛否の意見を聞く。オープンエンドで議論は終了する。

賛：核兵器を共有すると，そのことで発言力が高まる。この時代 "目には目，歯には歯" が，つまり "核には核" の時代に，残念だけどなってしまった。

反：核を前提とする社会が自由で平和な社会になってはいけない。一度，拡大した武力や政府権限はより拡大する方向に転じることがあっても縮小することはない。これから唯一の被爆国である日本が半永久的に核を実質的に保有することは，過去の原爆や非人道的兵器を肯定する立場になることを意味するので反対。

賛：共有に賛成である。唯一の被爆国であるが，歴史にとらわれすぎて今の日本国民が危険さらされるのはおかしい。しかし，核共有を露骨にアピールしたり，強気になって他国に反抗したりするのはいけない。同じ歴史をくりかえさないために，戦う核ではなく守る核の共有であるべき。

反：核共有より日米安保条約の内容を強化し，共同防衛について確認すべきだ。唯一の被爆国であるという立場と核はどうしても攻撃の手段であるというイメージが強いので，日本にとって得をすることはない。

賛：北方領土をはじめ親日国である台湾が危機に瀬し，北朝鮮のミサイルの危うさなど，日本を取り巻く他国との状況の危険性が上がってきており，"非暴力" を主張していても日本が侵略される可能性がないとは言い切れ

ない。

反：核は威嚇にもなり経済発展を進める中で諸外国とのトラブルにあっても自国の利益を高めるかもしれない。しかし，私は核共有に反対する。理由は簡潔だ。"日本はそういう国だと割り切る必要がある"と考えるから。"非核三原則"という，一見弱みに見えるものがかえって平和をもたらしているように思える。長期的な絶対平和を優先すべきである。

本事例は立命館大学２回生（地歴科教育法専攻）によるものである。

＊ゼレンスキー大統領の日本の国会での演説について紹介する。

「日本に９条があることを意識し，武器援助は求めず，国連改革や戦後復興への尽力を要請した」

＊日本の領域への核攻撃に対してアメリカが核で反撃する場合，アメリカはどの程度，日本の意見を尊重するだろうか？　また，日本は，核で反撃することを米国に同意したり，要請したりすることを「決意」できる国なのか？　など，さまざまな疑問が交差する。今後，考えさせたい内容である。

4 授業のふり返りと探究・対話のポイント

2021年１月には「核兵器禁止条約」が国連で採択された（2022年現在68ヵ国）。核兵器の使用や開発，保有，使用の威嚇などを禁止する。日本は，日米同盟に基づくアメリカの核抑止力の下にあることなどから参加を見送った。また，2017年のノーベル平和賞は，核兵器の削減，廃絶に貢献した「ICAN（核兵器廃絶国際キャンペーン）」に贈られた。以上のような核兵器廃絶に向けた取り組みも紹介したい。

核抑止の有効性についても議論したい。吉田文彦氏の参考文献では「核抑止の限界と脆弱性」「核抑止での日本の役割」「ポスト核抑止への戦略」と三項にわたり論述している。参考にしていただきたい。

【参考文献】

・吉田文彦『迫りくる核リスク』（岩波書店）2022年

筆者がもっとも大切にしていることは"学力差のない"授業である。これは筆者の原点である東大阪での"苦い"体験による。おもしろくない授業に対して「モノ申す」生徒がいっぱいいた。「机に伏す」「騒ぐ」「エスケープ」などいろいろな方法で抗議した。信頼のない教師がいくら注意しても，いっそう反発が広がるだけである。真面目に授業を受けようとする生徒も，不甲斐ない教師にうんざりである。けっして"怖く"ない筆者は，深夜に及ぶ教材研究で"凌ぐ"以外なかった。東大阪の"率直"な生徒と，筆者の"ヤワな性格"が生み出したのが"学力差のない"授業である。

　それが，2012年刊行の『100万人が受けたい「中学社会」ウソ・ホント？授業』シリーズ（明治図書）で結実した。本書は，大病の病室で執筆したことを「あとがき」に記した。その後，『続』『見方・考え方』『ワーク』と100万人シリーズを上梓した。そして，今回の『探究・対話』である。「知識」は，興味あることとの関係で習得すると，「ウソ？」「ホント！」と知的興奮とともに獲得できる。だが「探究」課題は，思考が連続するケースが多く，興味が「深い学び」へとつながる設定が不可欠だ。"学力差のない"授業は，SDGs の理念である「誰ひとり取り残さない」で周知のこととなった。またすべてが満たされた状態で，継続性のある幸福を意味する「ウェルビーイング」も一般的になった。こんな授業が広がることを願ってやまない。

　本書を企画していただいた明治図書出版の及川誠さんとは20年近くのお付き合いになった。増刷が決まると同時に次の企画が提示され，充実した日々を過ごさせていただいていることに感謝したい。また，校正，データ等を緻密に確認していただいた杉浦佐和子さんにも感謝している。この場を借りてお礼を申し上げたい。

2023年8月　河原和之

【著者紹介】

河原　和之（かわはら　かずゆき）
京都府木津町（現木津川市）生まれ。
関西学院大学社会学部卒。東大阪市の中学校に三十数年勤務。
東大阪市教育センター指導主事を経て，東大阪市立縄手中学校
退職。現在，立命館大学，大阪商業大学他，５校の非常勤講師。
授業のネタ研究会常任理事。
NHK わくわく授業「コンビニから社会をみる」出演。
月刊誌『社会科教育』で，「100万人が受けたい！　見方・考え
方を鍛える中学社会　大人もハマる最新授業ネタ」を連載。

【著書】

『100万人が受けたい！　見方・考え方を鍛える「中学社会」大
人もハマる授業ネタ』シリーズ（地理・歴史・公民），『続・
100万人が受けたい「中学社会」ウソ・ホント？授業』シリー
ズ（地理・歴史・公民），『スペシャリスト直伝！中学校社会科
授業成功の極意』，『100万人が受けたい「中学社会」ウソ・ホ
ント？授業』シリーズ（地理・歴史・公民）（以上，明治図書）
などがある。

イラスト：山本　松澤友里
1982年大阪府生まれ。広島大学教育学部卒。東大阪市立中学校
に５年勤務。『ダジャレで楽しむタイ語絵本』（TJ ブリッジタ
イ語教室）を制作。現在は奈良県内複数の小中学校にて勤務。

100万人が受けたい！　探究と対話を生む
「中学公民」ウソ・ホント？授業

2023年９月初版第１刷刊　Ⓒ著　者　河　原　和　之
　　　　　　　　　　　発行者　藤　原　光　政
　　　　　　　　　　　発行所　明治図書出版株式会社
　　　　　　　　　　　　　　　http://www.meijitosho.co.jp
　　　　　　　　　　　（企画）及川　誠（校正）杉浦佐和子
　　　　　　　　〒114-0023　東京都北区滝野川7-46-1
　　　　　　　　振替00160-5-151318　電話03(5907)6703
　　　　　　　　　　　　　ご注文窓口　電話03(5907)6668

＊検印省略　　　　　組版所　長野印刷商工株式会社

本書の無断コピーは，著作権・出版権にふれます。ご注意ください。

Printed in Japan　　　　　　　ISBN978-4-18-265930-0

もれなくクーポンがもらえる！読者アンケートはこちらから

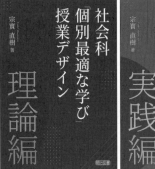